當才子

遇

上

中庸

〔明〕張岱 著

林電鋒 編譯

中華書局

目　錄

序

　　錢穆先生曾開過一個書單，列出他認為中國人必讀的九本書。在這張書單上，我們常說的四書——《大學》《中庸》《論語》《孟子》——佔了四席，由此足見錢先生對於它們的認可與推崇。

　　四書是每個讀書人繞不開的經典，但它們享有這樣的待遇，是在問世一千四百多年後的宋朝。當時，程頤和朱熹特別重視《禮記》中的《大學》和《中庸》兩篇文章，於是把它們抽出來變成兩個單行本，加上《論語》《孟子》，集為一套四本，稱作「四子書」或「四書」。

　　朱熹還傾注心血為四書作注解，編成《四書章句集注》。四書逐漸代替漢唐的大學教材五經，成為儒家文化的核心和基礎，家傳戶誦。朱注也成為官學正統，甚至被奉為科考的唯一標準，不僅代表了政治正確，更關係到讀書人的前途。直到陽明心學在明朝中期興起，朱注的大一統地位才開始受到挑戰。

　　明朝才子張岱的語錄體讀書札記《四書遇》，即是拋開朱注，從心學角度解讀四書的一本代表性作品。

　　張岱字宗子，又字石公，號陶庵，別號蝶庵居士，山陰（今浙江紹興）人。他的高祖張天復、曾祖張元忭、祖父張汝霖三代都是進士，且都做過高官，父親張耀芳也擔任過明藩王魯王府的右長史——相當於今天省級單位的副祕書長。所以，張岱前半生一直過着逍遙自在的公子哥生活：「少為紈綺子弟，極愛繁華，好精舍，好美婢，好孌童，好鮮衣，好美食，好駿

馬，好華燈，好煙火，好梨園，好鼓吹，好古董，好花鳥，兼以茶淫橘虐，書蠹詩魔。」

明朝滅亡，張岱的快活日子也灰飛煙滅。他披髮入山，過起了讀書寫字的隱居生活。他晚年號六休居士，意思是：粗羹淡飯飽則休，破衲鶉衣暖則休，頹垣敗屋安則休，薄酒村醪醉則休，空囊赤手省則休，惡人橫逆避則休。這份不為物役的心境，一方面反映了他一貫的自由氣質，另一方面也說明了生活的窘迫。

作為令人驚艷的小品聖手，張岱雖被黃裳譽為「天下無與抗手」的散文第一名家，他的成就卻絕非「散文家」所能涵蓋。他在經學上的建樹，標誌就是語錄體的《四書遇》。

《四書遇》的獨特價值在於，它打破了朱熹舊注的壟斷，重現了四書生命之學和心性之學的本來面目。

張岱不甘拜伏在舊說成見面前，入乎耳，出乎口，做一個亦步亦趨、人云亦云的吃瓜群眾，而是創造了學習經典的一種新方式：遇。他在序中說：他讀四書，不因襲前人注解，而是在石火電光一閃間悟出某種妙解，強調有「遇」於心。也就是根據時時處處的體認，邂逅經典中蘊含的精義，做出創造性的解釋。

在《四書遇》中，張岱以過人的見識與靈動的語言，會通三教，六經注我，「把儒家經典、諸子百家語和禪宗機鋒語陶冶在一起，說得煞有介事，娓娓動聽，文采斐然，這是枯燥乏味的高頭講章和酸腐味極重的理學著作所不能比擬的。」（朱宏達語）

而與他在書中同台亮相的，不僅有同時代的學者，還有蘇東坡、程顥等前代大咖，基本都是各個時代最聰明的頭腦。他

們就四書的內容舌燦蓮花，旁徵博引，或者深談體悟，或者辨析疑義，時而惺惺相惜，時而激烈交鋒。今日讀來，猶如觀賞一台精彩紛呈的對話節目。

為了讓讀者體味「節目」中的獨到見解與連珠妙語，我們嘗試借用今日流行的微信朋友圈的形式，把《四書遇》的內容呈現出來。每個人的發言，則採取古文和白話譯文相對照的方式，如實呈現原文內容。

《中庸》原為《禮記》中的一篇。它是儒家思孟學派的代表性著作，被推崇為「實學」。《中庸》在宋代獲得空前的重視，經由程朱理學派的推崇尊奉，單獨成篇並列為「四書」之一，被普遍認為是可供終身受用的經典，對傳統中國社會思想產生了重大而深遠的影響。

無論是朋友圈的現代形式還是盡可能平實的翻譯，我們的這些嘗試，都是為了幫助讀者更好地進入《四書遇》的世界，從中獲得啟發和助益。千慮一得，尚待驗證；掛一漏萬，在所難免。期待您的探討交流和批評指正！

編譯者

張岱《四書遇》自序

四書六經，自從被後人加上注解，原有的意趣就失去十之五六了，再被人加上詮釋，原有的意趣就失去十之八九，幾乎喪失殆盡了。所以前輩曾經說：「給六經加上注解，反而不如不加。」這些經典完完整整的幾句好文章，卻被後人的訓詁弄得零散破碎，真是太可惜了！

我自幼遵從祖父的教導，讀六經時從不看朱熹的注解，也不參考其他各派的注疏，以免先入為主。我只是正襟危坐，朗誦幾十遍正文，對其中的意思往往就能蓊然有所領悟。間或有一些內容自己無法弄通，就把它不加理解地牢記心中。然後過個一年或兩年，或者在讀別的書時，或者在聽別人聊天時，或者在觀賞山川風物、鳥獸蟲魚時，突然間有所感觸，對那些不理解的內容就會恍然大悟。

我把這些感悟整理出來，就成了這本《四書遇》。

之所以用「遇」字，就是說這些感悟不是在家裏碰到的，也不是在旅舍遇到的，而是旅途中偶然邂逅的。古代有一位大書法家文與可，偶爾看到路旁兩條蛇絞繞纏鬥，頓時領悟到草書的竅門；「草聖」張旭欣賞公孫大娘舞劍，觸發靈感而書藝大進。大概他們的心靈也是與什麼相遇了吧？

古人精思靜悟，對一個東西鑽研日久，忽然石火電光般徹悟，洞察到其精深微妙的變化，別人根本無從知道他的想法是從何處而來。現在的讀書人歷經十年苦讀，在風簷寸晷的科舉考場上，爭分奪秒地構思八股文章。而主考官在醉生夢死之

餘，忽然被某一篇投合了心意，就像磁鐵吸引鐵塊和琥珀吸引草芥一樣，相悅以解，全部注意力幾乎都被吸引過去。這種莫名奧妙的邂逅，真是讓人無法理解。我們繼續深究下去，人世間的色、聲、香、味、觸、法，沒有一樣的裏頭不存在可供相遇的途徑，就只等着與用心深邃的明眼人邂逅相遇，成為情投意合的朋友。

我在戰亂中逃離家鄉，兩年裏東奔西走，身無長物，所有的東西都統統扔掉了，唯獨把這部書稿藏在行李箱底，一頁都不曾丟掉。我還記得蘇東坡當年被貶官到海南島，在渡海時遇到了颶風，所坐的船眼看就要翻了。他自言自語說：「我的《易解》和《論語解》兩本書還沒有刊行問世，即使遇險也一定會逢凶化吉。」後來他果然平安抵達。我的這部書稿將來能不能遇到知己，和會不會遇到盜賊水火，都同樣是一個遇字啊。結果到底會怎樣，誰能輕易說得清呢？

原文：

六經四子，自有注腳而十去其五六矣，自有詮解而去其八九矣。故先輩有言，六經有解不如無解，完完全全幾句好白文，卻被訓詁講章説得零星破碎，豈不重可惜哉！

余幼遵大父教，不讀朱注，凡看經書，未嘗敢以各家注疏橫據胸中，正襟危坐，朗誦白文數十餘過，其意義忽然有省，間有不能強解者，無意無義，貯之胸中，或一年，或二年，或讀他書，或聽人議論，或見山川雲物、鳥獸蟲魚，觸目驚心，忽於此書有悟，取而出之，名曰《四書遇》。

蓋遇之云者，謂不於其家，不於其寓，直於途次之中邂逅遇之也。古人見道旁蛇鬥而悟草書，見公孫大娘舞劍器而筆法

大進，蓋真有以遇之也。古人精思靜悟，鑽研已久，而石火電光，忽然灼露，其機神攝合，政不知從何處着想也。舉子十年攻苦，於風簷寸晷之中構成七藝，而主司以醉夢之餘，忽然相投，如磁引鐵，如珀攝芥，相悅以解，直欲以全副精神注之，其所遇之奧竅，真有不可得而自解者矣。推而究之，色聲香味觸發中間，無不有遇之一竅，特留以待深心明眼之人，邂逅相遇，遂成莫逆耳。

余遭亂離兩載，東奔西走，身無長物，委棄無餘，獨於此書，收之篋底，不遺隻字。曾記蘇長公儋耳渡海，遇颶風，舟幾覆，自謂《易解》與《論語解》未行世，雖遇險必濟。然則余書之遇知己，與不遇盜賊水火，均之一遇也，遇其可易言哉？

天命章

天命之謂性，率性之謂道，修道之謂教。道也者，不可須臾離也；可離，非道也。是故君子戒慎乎其所不睹，恐懼乎其所不聞。莫見乎隱，莫顯乎微，故君子慎其獨也。喜怒哀樂之未發，謂之中；發而皆中節，謂之和。中也者，天下之大本也；和也者，天下之達道也。致中和，天地位焉，萬物育焉。

* 譯文：

　　上天賦予人的善良稟賦叫做本性，順此發展並擇善而行就是道，依此而有的一切修行工夫即是教化。道是片刻也不能離開自心的，如果可以離開，就不是道了。所以，即使在大家看不到和聽不到的地方，君子也會謹慎檢點，害怕天理不能住持於心。在幽暗的地方，大家還不曾見到隱藏的事端，我的心已明顯地體察到；細微的事情，大家不曾察覺的時候，我的心已顯現出來。因此，君子獨知獨行時要更加謹慎小心，不使不正當的欲望潛滋暗長。喜怒哀樂諸多情感還

沒有生起時，心是平正無所偏倚的，稱之為中；如果情感生起後又能合乎節度，沒有過與不及，則稱之為和。中是天下萬事萬物的根本，和是天下共行的大道。如果能把中和的道理全面普及，並達到圓滿的狀態，那麼天地萬物，都能各安其所，各遂其生了。

朋友圈縱橫談

※ 張　岱

　　鄧文潔與王畿（號龍溪）談論大道，説我們不去做什麼聖人，不去做什麼賢者，也不去做什麼天地，只要做好自我修養，就能達到證悟境界。我們生活在這個世界上，就是依靠一點真心與天地往來溝通，其他的半點兒也幫襯不上。《中庸》中強調要「戒慎恐懼」，也是這一點的具體體現，要通過反觀自身、內省自視，感覺自己像是在鋒芒逼人的刀光劍影中安身、在烈焰紛飛的鐵輪頂上立足，使人性中最初的靈光一起迸發出來。而那些天生的自然稟賦，順着本性來做人處事，以及按照道的原則來實施教化等，只不過是光明中所呈現出來的影像而已。因此説：「在幽暗的地方，大家不曾見到隱藏的事端，我的心已明顯地體察到；細微的事情，大家不曾察覺的時候，我的心中已顯現出來。」

原文：

　　鄧文潔與龍溪談道，謂聖也不做他，賢也不做他，天地也不做他，只是自修自證。吾人住世，一靈往來，半點幫貼不

上。所為戒慎恐懼，亦是這點獨體，惺然透露，如劍芒裏安身，鐵輪頂上立命，無始光明，一齊迸露。天命之性，率性之道，修道之教，不過光明中影現法象而已。故曰：「莫見乎隱，莫顯乎微。」

※ 艾千子

「沒人看到」「沒人聽到」是一層境界，即自己的心識還沒有與外物接觸，自己還未看到和聽到；「隱晦之處」「細微之時」是另一層境界，即別人還「沒有看到」「沒有聽到」，而自己通過內心檢視和觀照已經得知。自隆慶、萬曆年間以來，社會賢達逕直將「隱晦之處」「細微之時」當作「沒人看到」「沒人聽到」的境界，顯然是非常錯誤的。「慎獨」是「戒懼」層次之後更加嚴格的警醒。好像防盜一樣，「戒懼」是在日常生活中，像實行維持社會治安的「保甲法」一樣持續管理好自心；而「慎獨」則像關隘出入境等要地搜查盤問一樣，要在一人獨知獨行的時候，仔細檢視和拷問自己的內心。如果將「慎獨」當作「戒懼」的層次，顯然也是不對的。

原文：

艾千子曰：「不睹」「不聞」，是吾心未與物接，而自己「不睹」「不聞」之時。「隱」「微」，是吾心獨睹、獨聞，而人所「不睹」「不聞」之時。自隆、萬以後，諸名公逕以「隱」「微」仍作「不睹」「不聞」者，大非。「慎獨」是「戒懼」後再加提醒。譬如防盜，「戒懼」是平時保甲法，「慎獨」是關津緊要處搜盤法。將「慎獨」逕作「戒懼」者，亦非。

※ 張　岱

所謂仁，就是人之所以為人的獨有本性。上天給人的善良稟賦，是希望人擔負起履行仁德的責任。將仁和人緊密結合起來說，就是道了。依據善良的稟賦來做人處事，是要求人履行仁德達到至善的境界。

原文：

仁者，人也。天命之性，天而人者也。合而言之，道也。率性之道，人而天者也。

※ 楊子常

意念生起的剎那叫做「須」，眼睛一眨的瞬間就是「臾」。

原文：

楊子常曰：意所偶欲曰「須」；瞬所未合曰「臾」。

※ 辛復元

「戒懼」是靜中主敬 —— 即使是沒人看到聽到的地方，自己都要寧靜身心，以莊敬謹慎作為始終一貫的涵養工夫；「慎獨」則是方動研幾 —— 深入自己的內心深處，哪怕是一丁點兒的起心動念，都要精密地考問和思慮。只有做到「靜中主敬」，不正當的欲望才沒有生起的由頭；只有做到「方動研幾」，那些欲望才沒有滋長的機會。

原文：

　　辛復元曰：「戒懼」是靜中主敬，「慎獨」是方動研幾。靜中主敬，私欲無端而起；方動研幾，私欲無得而滋。

※ 張　岱

　　平日裏，事物紛至沓來、煩擾身心，人們只會隨波逐流，對眼前禍福就像又瞎又聾一般充耳不聞、視若無睹。只有當夜半時分，燈火冥滅，大夢初醒，檢視自己平生的是非善惡，才如眉毛頭髮一樣清晰。所以，才說「莫見乎隱，莫顯乎微」。聖人設教非常精妙，我們絕不可把這些精粹的道理當成虛幻的說法。「睹」是由內向外看，因此必須「戒慎」；「聞」由外向內來，因此必須「恐懼」。

原文：

　　群動交作，隨波逐浪，眼前禍福，有若聾盲；三更燈盡，五更夢迴，生平善惡，眉髮可數，故曰「莫見」「莫顯」。勿把玄幻語將指點精神抹殺。「睹」自內出，故須「戒慎」；「聞」自外來，故須「恐懼」。

※ 張　岱

　　未發已發，實質上是中和問題，不能以時間先後來辨別。朱熹也指出：即使是一天的時間裏，念頭起起滅滅，何止萬端，但心的本體依然是寂靜安然的。他這句話說得極為透徹。

原文：

> 未發已發，不以時言。朱子亦云：雖一日之間，萬起萬滅，而其本體未嘗不寂然。此言極透。

※ 張　岱

周汝登所輯的《程門微旨》中指出：「喜怒哀樂未發之時稱為『中』，那是指心的本體。」既然各種情感尚未產生，哪裏還有一個什麼東西呢？因此只能稱之為「中」，千萬不要以為有一個叫做「中」的東西而加以執着。

原文：

> 程門微旨云：未發謂「中」，只是一個本體。既是未發，那裏有個怎麼？只可謂之「中」，不可提一個「中」來為「中」。

※ 薛西原

「發而皆中節」的「中」字，是從「喜怒哀樂之未發，謂之中」的「中」字生發出來的，二者是體和用的關係。人的情感，容易過度過濫，而很少有不及不夠的。「節」字有「節制而不使其過度」的含義。在節制的過程中，仍然離不開「戒慎」和「恐懼」的修證工夫，而不是空空泛泛就能做到的。要觀照到喜怒哀樂諸般情感尚未產生的情形，必須將喜怒哀樂產生時未能中節的全部消除，才能觀照得到。

原文：

> 薛西原曰：「中節」之「中」字，從「謂之中」「中」字來。

情易失之過，不及者鮮。「節」有止而不過之義。此中仍「戒慎」，「恐懼」工夫，不是空空便能中節。欲觀喜怒哀樂未發時氣象，須將喜怒哀樂發而不中節處克盡，始觀得。

※ 韓求仲

在心裏體現出來的稱為「中和」，外化在天地萬物上稱為「位育」。「位育」原來是「致中和」的外在體現。而兩個「焉」字，看似表述得輕風細雨、不動聲色，事實上卻是境界開闊、全然自足。如果僅從對萬物實施作用和教化來講，不僅說小了，也是不圓滿的。

原文：

韓求仲曰：在心為中和，在天地萬物曰位育。位育原是致中和光景。兩「焉」字，說得不動絲毫，蕩然自得。煞言功化，義即不圓。

※ 楊復所

《中庸》這本書原來是《禮記》中的一部分，這個「中」字，就是禮的要求；那個「和」字，就是樂的要求，這點不可不知。《中庸》最神妙的地方，就是從人的喜怒哀樂這些最基本的情感說起。人們以為喜怒哀樂諸多情感尚未產生或已產生的狀態，是一個人所「獨知」的，卻不懂得這就是「中」的意思、「和」的意思、「大本」的意思、「達道」的意思，這不就是「莫見乎隱」「莫顯乎微」的含義嗎？

原文：

　　楊復所曰：《中庸》一書原是《禮記》，此「中」字，即禮也，此「和」字，即樂也，不可不知。最妙是從喜怒哀樂說起。人以喜怒哀樂之未發與發為一人之「獨」耳。不知乃「中」也，乃「和」也，乃「大本」也，乃「達道」也。非「莫見乎隱」，「莫顯乎微」也哉？

※ 楊子常

　　這裏所說的，並非空泛的理論，而是可以真修實證的。古代儒者認為禮樂的教化功用不亞於祭祀鬼神，能感召和氣消除戾氣，變災禍為吉祥，真的沒有欺騙我們。

原文：

　　楊子常云：非論理，乃實事也。先儒謂禮樂之功用不讓鬼神，則召和消戾，變災為祥，非誑語也。

※ 張　岱

　　《樂記》中說：「樂禮，是古代聖王用來表現喜悅的；行軍作戰和刑罰，是他們用來表現憤怒的。因此他們的喜悅和憤怒，都能通過樂禮與作戰刑罰而表達得恰如其分。所以，聖王一高興，天下人就應和他；一生氣，暴徒就害怕他。」

原文：

　　《樂記》云：「樂者，先王之所以飾喜也；軍旅鈇鉞者，先王之所以飾怒也。故先王之喜怒，皆得其儕焉。喜則天下和之，怒則暴亂者畏之。」

※ 張　岱

　　天下和順，不但人們會心平氣和，日月星辰都會清爽開朗；使暴徒畏懼，不僅人心會被震懾而歸服，天地都會明淨清澈。這就是「天地位焉，萬物育焉」的最好佐證。

原文：

　　天下和，則不惟心意和平，亦覺日月清朗；暴亂畏，則不惟人心懾服，亦覺天地廓清。此便是「天地位」「萬物育」之切實證佐。

※ 楊復所

　　「忌」字體現了「戒慎」兩字的意思，「憚」字體現了「恐懼」兩字的含義。「無忌憚」的意思，就是沒有「戒慎」「恐懼」的心。總的來說，那些異端邪說，都是因為大膽而誤了修身養性的大事。千百年來的聖賢學問，無非是小心謹慎而已。

原文：

　　楊復所曰：「忌」字即「戒慎」二字。「憚」字即「恐懼」二字。「無忌憚」者，無「戒慎」「恐懼」之心也。大抵異端只為大膽誤了事。千古聖學，惟有小心而已。

※ 朱　熹

　　程頤夫子認為「不偏於一邊叫做中，不隨便變化叫做庸。中是天下普遍的真理，庸是天下不變的法則。」這一篇《中庸》，是孔門傳授的修身齊家治國平天下的心法。孔子後人子

思擔心時間久了後人傳授出現誤差，所以把它寫成書，傳授給孟子。《中庸》開頭只講一個道理，中間以各種事務分述，最後又匯歸到一個道理上。這個道理，放開可以遍滿天地，收回又可以歸藏於一心。它的意義無有窮盡，都是實實在在的學問。善於讀書的人仔細思量，用心研究，自然能體會出心得，用在做人處事上，就是一生也用不完。

原文：

　　子程子曰：「不偏之謂中，不易之謂庸。中者，天下之正道；庸者，天下之定理。」此篇乃孔門傳授心法。子思恐其久而差也，故筆之於書，以授孟子。其書始言一理，中散為萬事，末復合為一理。放之則彌六合，卷之則退藏於密。其味無窮，皆實學也。善讀者玩索而有得焉，則終身用之，有不能盡者也。

時中章

原典

仲尼曰：「君子中庸，小人反中庸。君子之中庸也，君子而時中，小人之反中庸也，小人而無忌憚也。」

✳ 譯文：

孔子說：「君子的一言一行都合乎中庸之道，小人的所作所為都違反中庸之道。君子之所以能合乎中庸，是因為他能與時俱進地守住中道，無過與不及；小人之所以違反中道，是因為他不明此理，肆無忌憚。」

朋友圈縱橫談

※ 馮具區

「小人之中庸」，是小人自認為的「中庸」之道。他們做人處事「肆無忌憚」，恰恰是因為認為「肆無忌憚」就是「與時俱進地處於中道」的狀態。這些小人非同尋常，正是素隱行怪，也就是專門研究犄角旮旯的學問、做些離奇古怪的事情以博取名聲的那一類人。

原文：

　　馮具區曰：「小人之中庸」，小人自以為「中庸」也。其「無忌憚」處，正是認「無忌憚」為「時中」耳。此小人不是小可，正是隱怪一流人。

※ 顧涇陽

　　荊公王安石只不過是一個不小心，就成了典型的肆無忌憚的「反中庸」者。後來表現在政事上，恰好又給那些獨斷獨行、剛愎自用的人提供「擋箭牌」，就像給敵人送兵器、給盜賊送糧食一樣，不僅僅是危害宋朝那麼簡單。

原文：

　　顧涇陽曰：王荊公只是一個不小心，遂成一個「無忌憚」。後來見諸事術，適為自專自用者藉兵而齎糧，不特禍宋而已。

※ 楊復所

　　這是辨別學脈真偽的關鍵之處。「中庸」兩個字，孔夫子早已用來指出異端邪說錯誤的地方。「違反中庸之道的」，比如說外來部族禍亂華夏，普通庶民圖謀不軌，亂臣賊子心存叛逆篡弒，這些都叫做「反」。

原文：

　　楊復所曰：此嚴學脈之辨也。「中庸」二字，夫子已為異端先下針砭矣。「反中庸者」，如夷狄之亂華，庶民之不軌，臣子之無將，俱命曰「反」。

※ 張侗初

當年堯舜之間的禪讓，就充分體現了「中」的原則。中道的實行離不開日常生活，所以稱之為「庸」，就是日用的意思；「中道」是一種與時俱進的狀態，千萬不可拘泥執着，因此才叫做「時」。這是孔子為人們如何實行「中」提供了一個重要的注釋，是孔子對堯舜美德的繼承和傳述。

原文：

張侗初曰：堯舜授受，一「中」而已。中不離日用，故曰「庸」；「中」不可執着，故曰「時」。此仲尼於「中」字下一注腳也，是謂祖述堯舜。

※ 張　岱

西方的佛祖和道家的老子並不知道「中庸」兩個字，只有孔仲尼率先提出來，因而子思和程顥（號明道）專門指出這是孔仲尼說的：「君子實行中庸之道。」

原文：

佛老總不識「中庸」二字，惟仲尼識得，故子思、明道獨揭仲尼曰：「君子中庸。」

鮮

能

章

子曰：「中庸其至矣乎！民鮮能久矣！」

＊ **譯文：**

　　孔子說：「中庸大概是最高的德行了吧！人們很少能做到，這種情況已經很久了！」

朋友圈縱橫談

※ 張　岱

> 　　本章「至」字的意思，與下文中「『上天之載，無聲無臭。』至矣」的「至」相同，都是「最高」的意思。包括下文談到的「至誠」「至聖」「至道」「至德」的「至」字，也都是這一個意思。有時候說「大」，也與「至」字同義。李贄的《四書評》中說：既說「人們缺乏它已經很久了」，前面又說「道是片刻也不能離開身心的」，為什麼呢？

原文：

> 「至」字即「無聲無臭至矣」之「至」。下言「至誠」「至聖」「至道」「至德」，皆同此「至」。有時言「大」字，亦與「至」同。《四書評》曰：曰「鮮能」且曰「久」，則所云「不可須臾離」者，何如也？

※ 胡雲峰

這裏比《論語》中的表述多了一個「能」字。因為普通人的氣質有所偏頗，因此很少能夠深刻體會並重視實行；在此，還必須結合閱讀下一章，仔細理解很多「能」字的意思，才能夠真正明白子思的思想。

原文：

> 胡雲峰曰：此比《論語》添一「能」字。惟民氣質偏，故鮮能知能行；仍須看下章許多「能」字，方見子思之意。

※ 董日鑄

把最高的德行稱為「中庸」，聖人擔心後世的人疏忽大意，認為就是「庸」的意思，所以着重用「至」——「最高」來形容它。「至」字，就是恰到好處的意思。「過了頭」即是失去了「中道」，「達不到」也是失去了「中道」，都是「未能達到最佳狀態」的表現，因此無論是智者還是愚人，無論是賢士還是小人，都同樣未能達到最佳狀態。指出這一點，就可以使今後那些沉迷於素隱行怪的人感到羞愧。

原文：

　　董日鑄曰：名為「中庸」，而懼天下之忽以為庸也，故以「至」贊之。「至」者，恰好之謂也。「過」則失「中」，「不及」則亦失「中」，皆名「未至」，則知賢智愚不肖之同為「不及」也。而後可以愧天下之隱怪而迷者矣。

※ 張　岱

　　如果平民百姓能夠學習中庸之道，那麼歪風邪氣就會自動消失；如果他們能夠實行中庸之道，那麼反對此道的小人就會自動轉化。這就是孔子的殷切期望啊！

原文：

　　庶民興，則邪慝自息。民能中庸，則反中庸之小人自化。夫子所以望民獨切也。

行明章

原典

　　子曰：「道之不行也，我知之矣：知者過之，愚者
不及也。道之不明也，我知之矣：賢者過之，不肖者不
及也。人莫不飲食也，鮮能知味也。」

＊ 譯文：

　　孔子說：「中庸之道不能實行的原因，我知道了：聰明的
人高估自己，認識過了頭；愚昧的人智力不及，不能理解它。
中庸之道不能被理解的原因，我知道了：賢能的人做得太過
分，不賢的人根本做不到。這就像人們每天都要吃喝，卻很
少能夠真正品嘗到滋味。」

朋友圈縱橫談

※ 張　岱

　　「人們每天都要吃喝，卻很少能品嘗到滋味」一句，以日常
生活道出深奧的道的本體問題，讓人從中親身品嘗到真味，千

萬不可當作簡單的比喻來理解。餓肚子的人最易吃飯，飢渴的人最易喝水。一個「易」字，不知道讓許多人被表面現象所蒙蔽，而錯過了明白真正道理的機會。説到底的話，春秋時期齊國味覺高超的易牙，即使能分辨出淄水和澠水的味道不同，也算不上真正的知味者。

原文：

「人莫不飲食也」，將日用處指出道體，從舌根上拈出真味，不可作喻解。飢者易食，渴者易飲。一易字，不知瞞過多少味矣。究而言之，辨淄澠之易牙，也算不得知味者。

※ 顧涇陽

將深刻理會中庸之道，比喻為吃飯時要吃出味道，沿着上一節的表述，讓人大大地感歎了一回。由此看來，人人都在中庸之道裏面，人人更是在中庸之道外面。讀到這裏，真讓人感覺好像失去了什麼。

原文：

顧涇陽曰：飲食知味，只就上節來咨嗟慨歎一番。見人人在道之中，人人在道之外，讀之，真令人恍然自失。

※ 張　岱

孔夫子倡導知與行相結合，互相闡發和印證，那麼知行合一的深刻道理，不需要王陽明先生解説就已經很明白了。而在下一節只説「很少人能吃出味道」，那麼知道這一點就已經是

行了，也不僅僅是王陽明先生的「致良知」學說指出了這一點。然而，在孔夫子那個時候，他連說了兩次「我知道了」，可以知道明白這個道理的人少之又少了。

原文：

夫子取知行而互言之，則知行合一之旨，不待新建之說而後明矣。而下節止曰「鮮能知味也」，則知之即為行也，亦不獨新建「良知」之說矣。然當夫子之時，而兩曰「我知之矣」，則知其解者不亦鮮乎。

※ 胡雲峰

這一章，分別闡述中庸之道「不能實行」和「不能弘揚」的原因，而下一章則通過講舜帝的智慧，來說明中道能實踐；通過講顏回的賢能，來說明中道能弘揚。加之後面即將談到智仁勇問題，這一章是就智仁勇三者的開端而言的。智者自以為是，認為中道不足以實行。這是缺乏仁德的表現；賢能者自行其志，認為中道無法理解。這是缺少智慧的表現；愚昧無能的人又安於低下的現狀，不能勤勉而奮進，這是缺乏勇氣的表現。

原文：

胡雲峰曰：此章分道之「不行」「不明」，而下章即舜之知，言道之所以行；即回之賢，言道之所以明。兼後面欲說知仁勇，此章為此三者發端而言。知者知之過，以為道不足行，是不仁也；賢者行之過，以道為不足知，是不智也；愚不肖者，安於不及，不能勉而進，是不勇也。

※ 楊復所

　　這一章指出「很少能做到」的原因，同時也指出了「能做到」的原因。然而大道「不能實行」，本應說是賢者和無能者的問題，卻說是智者與愚昧者的問題。只有這樣表述，才能發現中道「不能實行」的真正原因。

原文：

　　楊復所云：此指出「鮮能」之故也，亦即指出「能」之故也。然「不行」，合說賢不肖，反說智愚，正見所以「不行」之故。

不行章

原典

子曰：「道其不行矣夫！」

＊ 譯文：

孔子說：「中庸之道看來是行不通了！」

朋友圈縱橫談

＊ 張　岱 _____

本章排在「很少能真正嘗出味道」一章的後面，「很少嘗出味道」就是「不能實行」中庸之道，並非兩回事。在另一個版本「石經本」中，這一章排在「民鮮能久矣」一章的後面，「道之不行」一章的前面。

原文：

此即屬「鮮能知味」之下，「鮮知」即「不行」，非有二也。石經本，此節在「鮮能久矣」之下，「道之不行」之上。

大智章

原典

子曰：「舜其大知也與，舜好問而好察邇言，隱惡而揚善。執其兩端，用其中於民，其斯以為舜乎！」

＊ 譯文：

孔子說：「舜帝真是有大智慧啊！他喜歡向別人請教，又善於分析淺顯話語裏的深意。隱藏別人的過失，而褒揚別人的好處，最後再將眾人的意見加以審擇，按照中道施行於人民，這就是他成為舜帝的緣故吧！」

朋友圈縱橫談

※ 陶石簀

「兩端」，並不是說有「過頭」和「不及」兩個維度，也不是說有起點和終點。如果人格修養能夠做到最好，哪裏有什麼起點和終點？意見如果相同，那就只有一種；如果有所不同，那麼不管有千百萬種，也只用兩種來表示。兩種，就是不一樣的意思。本章等於說舜帝收集了各種意見，好好地斟酌，細細地琢磨。

原文：

陶石簣曰：「兩端」，固不指定「過」「不及」，亦不必謂自首至尾。彼善，何嘗有首尾？大凡同則一，不同雖千百種，只謂之兩。兩者，不一之謂。猶言執此不一之論，酌而量之，參而詳之也。

※ 程　頤

如果一個人格物致知的修養很高，即使聽到普通人的言論，雖然是就事論事的淺顯表達，也能聽出很多道理。這樣具有大智慧的人，就能真正做到請教、審察，能真正地做到隱惡揚善，做到執其兩端用其中。他並不是通過請教和審察，才獲取真正學問的。

原文：

程子曰：造道既深，雖聞常人言，語淺近事，莫非義理。是大知人，能問，能察，能隱揚，能執用；不是由問察乃有知。

※ 張　岱

對很少能做到中庸的人，採用中庸之道來教化他們，是舜帝推廣教導的極為智慧的做法，就像《詩經‧大雅‧既醉》中說的「孝子不匱，永錫爾類（孝順的子子孫孫層出不窮，上天會恩賜福祉給孝順的人）」，因此稱之為「大」。又好比審理案件時，控辯雙方你一言我一語，即使有千言萬語，也只有原告和被告兩個角度而已。

> 就鮮能之民，而用中以治之，是舜知之錫類處，故曰
> 「大」。譬如聽訟，千言萬語，只謂這兩造。

※ 董日鑄

任何事物，如果沒有內在一致性就沒有作用，如果沒有內在的矛盾性就不會產生變化。因此，立足於一致去求取一致，就會墮入兩邊，就會有過和不及、起點和終點的紛爭；以執其兩端的思路去審察一致性，就能看到事物正反兩端，並呈現出事物的內在一致性。

原文：

> 董日鑄曰：凡物，非一不神，非兩不化。故以一求一則一墮於兩，以兩觀一則兩具而一呈矣。

※ 張　岱

「選擇中道施行於人民」，就是用這個「中道」來治理人民，而不是採用人民裏的「中間意見」。只有這樣理解，才能完全明白舜帝實踐中道的妙處。最後説，「這就是他成為舜帝的緣故吧」，如同説，只有這個實踐中道的人才是舜帝；沒有再增添「大智」兩個字，這樣的語言意蘊更為深遠，更是耐人尋味。

原文：

> 「用其中於民」，是把此「中」用於民上，不是用民之「中」。此見舜之行道處。後言「其斯以為舜乎」，猶云這個才是舜，不更添出「大知」二字，語意更覺深遠。

予知章

原典

　　子曰：「人皆曰：『予知。』驅而納諸罟擭陷阱之中，而莫之知辟也；人皆曰：『予知。』擇乎中庸，而不能期月守也。」

＊ 譯文：

　　孔子說：「人人都說自己聰明，可是被驅趕到羅網陷阱中去，卻不知道躲避；人人都說自己聰明，可是選擇了中庸之道，卻連一個月時間也不能堅持。」

朋友圈縱橫談

※ 楊升庵

　　孔子指出：「中庸之道恐怕不能在社會上實行啊！」它的原因就是不被人理解，好像真的無法實行一樣，因此當頭棒喝一番；下面就引用舜帝悟解中道的例子，樹立起一個典範。「人人都說自己聰明」，它的原因就是不踐行中道，因此扼腕歎息一

番；下面再引用顏回實踐中道的例子，作為一個典範。一聲熱喝，一聲冷歎，都體現了聖人的苦口婆心。

原文：

楊升庵云：「道其不行矣夫！」其故只為不明，故喝之；下即以舜之明榜之。「人皆曰予知」，其故只為不行，故歎之；下即以回之行榜之。一熱喝，一冷歎，總是婆心。

※ 顧涇陽

舜帝從來不認為自己是「有智慧」的人，因此成就了他的「大智慧」。普通人不能實行中道，問題都出在「人皆曰予知」五個字身上。

原文：

顧涇陽曰：舜惟不自以為「知」，所以成其「大知」。誤處全在「人皆曰予知」五字上。

服膺章

子曰：「回之為人也，擇乎中庸，得一善，則拳拳服膺而弗失之矣。」

＊ 譯文：

孔子説：「顏回就是這樣做人的：他選擇了中庸之道，得到了它的益處，就牢牢地記掛在心上，再也不讓它失去。」

朋友圈縱橫談

※ 張　岱

孔子門下常談及顏回，但人們不僅不知道他的修為有多麼高深，多麼玄妙，即使看他的為人，也只是「選擇了中庸之道」而已，哪有什麼素隱行怪之處呢？顏回只是「選擇了中庸之道」，偶然「得到了益處，就牢牢地記掛在心上，再也不讓它失去」。「則」字説得準確嚴謹；「矣」字説得堅決肯定。這裏有「泰山不排除細小的土石，所以能那麼高；河海不排除細小

的溪流，所以能那麼深」的意思。在非常淺顯明白的地方，得到那麼高深的學問，可見中庸之道的神妙之處。

原文：

　　聖門說着顏回，不知其修為如何高深，如何玄妙，乃其為人，亦只是「擇乎中庸」，有何隱怪？但只是其「擇乎中庸」之時，偶「得一善，則拳拳服膺，而弗失之矣」。「則」字說得緊嚴，「矣」字說得決絕，有「泰山不讓土壤，故能成其高；河海不擇細流，故其成其大」意。淺近之地，得其高深，正見中庸之妙。

※ 焦漪園

　　「連一個月時間也不能堅持」，意思不是說那些人沒有選擇中庸之道去實踐，最後卻不能堅持下來，是說這些人選擇的都是無法堅持的，哪能算得上什麼真知灼見呢？

原文：

　　焦漪園曰：「不能期月守」，不是擇而守了，又復不能守。言它所擇的，皆是守不牢的，如何算得真知？

可均章

原典

子曰：「天下國家可均也，爵祿可辭也，白刃可蹈也，中庸不可能也。」

＊ 譯文：

孔子說：「天下國家可以治理好，高官厚祿可以放棄掉，鋒利的刀刃可以踐踏而過，中庸之道卻不容易做到。」

朋友圈縱橫談

※ 張　岱

「中庸之道不容易做到」，指出中庸之道是一種至高無上的德行，很難做到恰到好處、運用圓融，因此說「很難做到」。如果治理國家、放棄官爵、踏過白刃這些事兒能拿捏得恰到好處，這種狀態就是中庸之道。

原文：

「中庸不可能」，即中庸其至之意，難得恰好，故曰「不可能」。「均」「辭」「蹈」到恰好處即是中庸。

※ 王觀濤

「中庸之道不容易做到」，説的是即使盡了全力，也難以做到恰到好處，並不是説中庸無法企及。只是在具體實行中，稍微做多一點就會過了頭，稍微降低一點標準便是沒達到，總是難以恰如其分。

原文：

王觀濤曰：「中庸不可能」，言難為力，非言絕德也。只是稍增一分便太過，稍減一分便不及，難得恰好。

※ 楊復所

中庸之道之所以難以實行，是因為不被理解；中庸之道之所以不被理解，是因為難以實行。理解中道，就必須以舜帝為榜樣；實踐中道，就必須以顏回為典範。不過在躬身履行時，切不可生吞活剝、牽強附會，因此聖人強調「中庸之道不容易做到」。這一切，核心思想就是「致中和」而已，因此在下面論述到「強」字方面的問題時，依然着重講到「中」「和」的問題。這是貫通開篇數章並一脈相承的脈絡。

原文：

楊復所曰：道之不行由不明，道之不明由不行。明當以舜

為法，行當以回為法矣。然亦不可以氣力安排，聰明湊合，故曰「中庸不可能也」。亦惟「致中和」而已，故論「強」復說到「中」「和」。此數章之血脈也。

※ 張　岱

　　有人會問，天下國家那麼複雜難纏的政事都能治理好，而中庸之道真的不能做到嗎？我的回答是，像漢高祖、唐太宗那麼高明的帝王，都是被認為能治理好天下的人，然而將他們用實踐中庸之道來審視，他們能做到嗎？還是不能做到呢？他們的雄才大略、聰明才智縱橫驅馳、獨步古今，但是在實現中庸之道方面，卻半點兒也沾不上邊，可見要征服天下、治理天下容易，要征服內心很難，只有聖人才能做到。因此，孔夫子從來不敢輕易評價誰做到了中庸之道。

原文：

　　問：天下國家可均，而中庸何以不可能？曰：漢高祖、唐太宗皆所謂均平天下之人，而以語乎中庸之道，能乎？不能乎？才力知識能驅駕今古，到得中庸上偏絲毫用不着，故廓清四海易，廓清寸心難，唯聖者能之。夫子自不敢輕以許人。

間強章

原典

　　子路問強。子曰：「南方之強與？北方之強與？抑而強與？寬柔以教，不報無道，南方之強也，君子居之。衽金革，死而不厭，北方之強也，而強者居之。故君子和而不流，強哉矯！中立而不倚，強哉矯！國有道，不變塞焉，強哉矯！國無道，至死不變，強哉矯！」

＊ 譯文：

　　子路問怎樣才能稱得上強大。孔子說：「你問的是南方的強大呢？還是北方的強大？或者是你自心體認的強大？用寬容柔順的精神去教育人，人家對我蠻橫無禮也不報復，這是南方的強大，品德高尚的人具有這種強大。用兵器甲冑當枕席，死而不悔，這是北方的強大，尚武好戰的人具有這種強大。因此，品德高尚的人心境和明而不隨波逐流，這才是真強大啊！堅守中道而不偏不倚，這才是真強大啊！國家政治清平時不改變志向，這才是真強大啊！國家政治黑暗時能堅持操守，寧死不變，這才是真強大啊！」

※ 張彥陵

　　聖人從「南北之強大」談到「自身體認的強大」，是告訴人們只有在自身體悟到本來面目，才算得上是傲然獨立於滾滾紅塵外的男子漢。

原文：

　　張彥陵曰：「強」曰「而強」，政要在自家身上，當下識取本來面目，方是壁立風塵外的漢子。

※ 董日鑄

　　為何舉例為「南方」和「北方」？就是怕用塵世之內的地名來表述而陷於片面。因此以方向作為比喻，以南北方向來命名，而不是以地名來表述。如果以地名來概說，那麼「中」「和」做得最好的地方，一定是所謂「天下之中」洛陽的人士。聊作一笑。

原文：

　　董日鑄曰：「南方」「北方」，所謂遊方之內各墜一偏。故以方言，以南北名，非以地言也。如以地言，則「中」「和」之強，當必在洛陽之人矣。一笑。

※ 張　岱

　　「強」本來只有一個，如果由人的自然本性中顯露，也就是「中」「和」；如果以人的稟性氣質為基礎顯露，就表現為南方之

強和北方之強。對於這一種不同，一定要從心體中細緻入微的地方加以辨別。

原文：

強，一也，率性而出，則為「中」「和」，倚於氣稟，則為南北，須從心體入微處辨別。

※ 張　岱

把南方之強也稱為強，恰恰是孔子要點化子路去思考的地方，這也是他高妙的度人金針。

原文：

南方亦叫做強，政是點化子路處，是夫子金針。

※ 袁了凡

當今的人只片面追求「心境平和」，卻不去理會不要隨波逐流；只片面追求「道德中立」，卻不去理會不倚靠任何東西。只要心中有一絲一毫猶豫不決的地方，就是隨波逐流；只要行為有一點一滴黏糊阻滯的地方，就是有所偏執。如果這兩者能夠徹底矯正，才是大勇。

原文：

袁了凡曰：今人只說「和」，不去理會「不流」；只說「中立」，不去理會「不倚」。胸中有一毫依回處，便是「流」；有一些粘滯處，便是「倚」。此處矯得盡，方是大勇。

※ 張　岱

「和而不流」，是指處在尋常情況下而言的；中立而不倚，是指處在變亂的情況下而言的。和，是與周圍的人一樣；中立，是與別人不一樣。

原文：

「和而不流」，蓋以處常言；中立而不倚，蓋以處變言。和與人同，中立與人異也。

※ 張　岱

有人會問「矯」字真正含義，應這樣理解：志行高潔猶如白雲中的仙鶴，舉止瀟灑好像碧波上的驚鴻，你就可以想象出強者的氣概。

原文：

或問「矯」字義。曰：矯矯如雲中之鶴，又云矯若驚鴻，可想強者之概。

※ 張　岱

子路問什麼是強，孔夫子卻答以看似不搭邊的「中」「和」之道。在「中」「和」的理念上樹立起「強」字，看似畫蛇添足，實際則不然。如果離開「中」「和」來解釋，「強」字就是沒了脊樑骨，是外強中幹站不住腳的；如果不從「強」字入手，「中」「和」就會缺少精微的義理。因此，將中和之道和「強」字從不同側面來看，更能體現它的妙處。

原文：

> 子路問「強」，夫子以「中」「和」答之。「中」「和」上着「強」字，似添足。然不說「中」「和」，「強」字無骨子；不說「強」字，「中」「和」又無精理。分看更妙。

※ 朱　熹

　　有人請教說：能做到「和而不流」，坐懷不亂的柳下惠完全勝任；能做到「中立而不倚」，不食周黍的伯夷當之無愧。這樣說對不對？答：「對。」那個人又問：柳下惠做到了「和而不流」，是容易從日常生活中看出來的；伯夷的「中立而不倚」，如何看得出呢？答：舉個例子吧，比如周文王禮敬供養老人，伯夷就去投奔；周武王率領軍隊討伐殷紂王，伯夷就勒住周武王的馬頭進行勸諫，希望他盡臣子之道不要討伐殷商。這就是伯夷「中立而不倚」的具體表現。

原文：

> 或問朱子曰：「和而不流」，柳下惠足以當之。「中立而不倚」，伯夷可以當之，然否？曰：然。曰：柳下惠之「和而不流」易見，伯夷之「中立不倚」於何見之？曰：如文王善養老，則伯夷來歸。及武王伐紂，則扣馬而諫。此便是「中立不倚」處。

素隱章

原典

　　子曰：「素隱行怪，後世有述焉，吾弗為之矣。君子遵道而行，半塗而廢，吾弗能已矣。君子依乎中庸，遁世不見知而不悔，唯聖者能之。」

＊　譯文：

　　孔子說：「有些人專門研究那些犄角旮旯的學問，做些離奇古怪的事情，用來博取聲名，後世也有人為他樹碑立傳，但我是絕不會這樣做的。有些品德不錯的人實行中庸之道，但是半途而廢，而我是絕不會停步的。真正的君子依照中庸之道而行，即使一生默默無聞不被知曉也絕不後悔，這只有聖人才能做得到。」

朋友圈縱橫談

※　張　岱

　　避開俗世，是不必斷絕世俗生活的。否則的話，即使孔聖人也做素隱行怪之流了。堯舜居在上位，功德巍巍難以言表，

但他們的權力對普通人又有多少影響呢？就像《周易》中的卦象「天山遯」一樣，上為乾卦為天，下為艮卦為山，易理中有「遯而隱居之象」，表示即使相遇，也是難以見到的。

在堯舜那個時候，又有什麼可後悔呢？要理解君子不後悔，是因為他們一生默默無聞遵循中庸之道，而不是因為了解的人少而自抬身價啊。

原文：

遯世不必絕世。若然，聖人亦隱怪矣。堯舜在上，蕩蕩難名，帝力何有？正如天山之遯，相遇而不相見。堯舜當時，安有悔心？要見君子不悔，正還一世於中庸，非知希自貴也。

※ 張　岱

如來佛想度化眾生，必先度化那些心外求法的外道。如果外道想證悟成佛，事實上只要心頭的正念一轉即可。「我是絕不會這樣做」那句話，體現聖人為了引導人們實踐中道，一往情深，而不是嚴拒的意思。

原文：

如來欲度眾生，先度外道。以外道人證佛，一轉便是故也。「弗為」一語，接引情深，不是嚴辟。

※ 張　岱

有些人實行中道半途而廢，其原因在「君子遵道而行」這句話裏。為什麼呢？「遵道」就像小孩子聽從老師的傳授，本來

沒有融會貫通，因此不得不半途而廢。就像鏡子，永遠不能看到自己。

原文：

半塗而廢，即在「遵道」句內。「遵」如童子之遵師傳，原無浹洽，故不得不廢。照弗能已看自見。

※ 楊復所

聖者與聖人有不同之處，聖人是歷史上作出定論的人，為人們所公認和敬仰；聖者是境界接近聖人的人，但並非為人們所公認，也是人通過努力可以達到的。假如一個人能按照中庸之道努力踐行，一生默默無聞也不後悔，便成為聖者，境界並不遜色於聖人。聖者與聖人一個字的差別，蘊含的道理卻很奇妙。

原文：

楊復所曰：聖者與聖人不同，聖人有定屬之名；聖者無定屬之名，亦在人為之耳。人倘能依乎中庸，遁世不悔，便是聖者矣，又何讓哉？一字之異，其妙如此。

※ 張　岱

生命中依附中庸之道，必須像孩童依附父母一樣，如果捨棄中庸之道，那麼就沒有安身立命的地方。

原文：

依中庸，如孩提之依父母。捨中庸，別無安身立命處。

※ 吳因之

大多數實行中道而半途而廢的人，說到底其出發點是好奇心所支使，最終還是走入素隱行怪那條路。這不是他們的能力不足，而是志向不堅定造成的。

原文：

吳因之曰：大抵半塗而廢，終是好奇之心所使，畢竟歸於隱怪之一路。此非力之不足，乃志之不堅也。

※ 楊復所

這一章，總結了《中庸》第一部分的主要內容，也指出中庸之道難以實行的主要病根。小人違背中庸之道，在實行過程中為所欲為，將「肆無忌憚」當作中庸之道，那是博取聲名的心太過於強烈而已；聰明的人高估自己，認識過了頭。聰明人和小人的問題都出在這上面。在此處，不被人所知也絕不後悔這一點，就可以將中庸之道難以實行和理解的病根，全部予以清除。

原文：

楊復所云：此結中庸第一支也。小人反中庸，無忌憚，只是名心大盛，賢知之過俱坐此。到此不知不悔，將道之不行不明病根拔盡。

費隱章

君子之道費而隱。夫婦之愚，可以與知焉，及其至也，雖聖人亦有所不知焉。夫婦之不肖，可以能行焉，及其至也，雖聖人亦有所不能焉。天地之大也，人猶有所憾。故君子語大，天下莫能載焉；語小，天下莫能破焉。《詩》云：「鳶飛戾天，魚躍於淵。」言其上下察也。君子之道，造端乎夫婦，及其至也，察乎天地。

＊ 譯文：

　　君子的中道廣大而精微。普通男女即使缺少知識，也可了解中道；但它的最高深境界，即使聖人也有弄不懂的地方。普通男女即使不一定有出息，也可以實行中道，但它的最高深境界，即便是聖人也有難以企及的地方。即使天地如此廣大，人們仍有不滿足的地方。因此，君子所講的「大」，大到連整個宇宙都承載不下；所講的「小」，小到用任何辦法都不可再分。《詩經・大雅・旱麓》中說：「老鷹飛向天空，魚兒躍入深水。」就是說上下分明。君子的道，開始於普通男女，但它的最高深境界卻昭著於整個天地。

※ 張侗初

　　「費」所表達的是中道的外化狀態，充滿四方宇宙，這是「發而皆中節」的「已發」境界；「隱」是中道內在於人的道德意識，藏於心靈的最深處，但卻不露行跡，精微深邃而包容萬物，這是「喜怒哀樂之未發」的「未發」境界。「費」的廣大處，也是「隱」所包含的，正所謂「一粒芥子藏山川」，由一己之身向外擴充，以至於天地萬物，無不是致良知的工夫；人們依照善良的本性，擇善而行，這就是在實現上天給人的自然稟賦。子思盡全力點撥人們，激發自身取用不盡的自心自性，但難以給出最恰當的表述，只能用「費」字來形容。普通男女能明白的事情，聖人並非都能明白；普通男女能做到的事情，聖人並非都能做到。而聖人有所不知有所不能的地方，就是每個人內心本具的良知，看似是最「隱祕」的地方。然而，只能用「費」來形容，不叫做「隱」。「隱」是自己獨知獨行的，不可能讓別人代你去知道去踐行。聖人不可能知道和做到的地方，是「隱」的意思，聖人能知道能做到的地方，也是「隱」的意思。子思給人講「大」講「小」、講「上下左右」，都是隨緣說教，借物類推，千萬不可執着有個「大小」「上下」的東西。只要做到心裏不執着，才不會有形形色色的是非紛爭。其實，能用語言表達出來的，在人們身邊就是飲食男女這類日常生活，最高最遠的只能說到天地為止；而天地、普通男女之外，都是無法用語言來形容的，很難說出「隱」的精微之處，因此只能說「中庸之道廣大而又精微」。這種表述，實在太妙了，中庸實在是最高的境界！

原文：

　　張侗初曰：「費」，彌六合也，發也；「隱」，藏於密也，未發也。「費」處都是「隱」，率性處都是天命也。子思極力要指點天命，而無可說，只得就「費」一形容之。夫婦知，而聖人有不知；夫婦能，而聖人有不能。其有不知有不能處似「隱」，然而只謂之「費」，不謂之「隱」。「隱」不可以知能言也。不知不能處是「隱」，與知與能處亦是「隱」也。語大、語小、語上下，皆不可執着。惟不可執着，故無之非是。其實可語者，近而夫婦，極於天地；天地、夫婦之外，都無可語也，不可語「隱」矣，「費而隱」矣。妙哉，道也，至矣！

※ 卓　庵

　　中庸之道充滿了天地，就有上下左右的分別；存在於聖人愚人之中，就有智慧才能的差距；體現在萬物的狀態，就有騰飛和跳躍的不同：在這裏，無論是多麼千差萬別，都有一個共同的關鍵點。這個關鍵點，體現在大千世界的偉大之處，就是「費」的廣大；體現在天理良知的靈魂之處，就是「隱」的精微。

原文：

　　卓庵曰：道在天地，有上下；在聖愚，有知能；在萬物，有飛躍：此共是一個機括。機括處是「費」，機括藏處是「隱」。

※ 諸理齋

　　某些人能了解中庸之道，自以為具備了智慧，卻變成了小人的肆無忌憚，曲解中道而為所欲為。某些人認為聖人都不曉得，我輩自然不可能弄通弄透，造成了中庸之道難以實行。

原文：

　　諸理齋曰：與知而自以為知，究成小人之無忌憚。不可知而自以為不可知，究成中庸之不可能。

※ 張　岱

　　本章把普通男女與天地之道相提並論，是要讓人們明白，即使是普通男女，既有愚昧的一面，也有聖賢的一面，將聖人排除在普通男女之外，是很糊塗的做法。

原文：

　　經以夫婦對天地，有夫婦之愚，有夫婦之聖，列聖人於夫婦外，殊憒憒。

※ 汪石臣

　　《周易》的上篇共 30 卦，從乾卦和坤卦開始，乾坤代表天地，因此《周易》的立意是從天地開始的；下篇 34 卦，從咸卦和恆卦開始，咸卦有男女交感、進行婚配的意思，恆卦指夫婦白頭到老。因此，下篇象徵天地生成萬物之後，出現人、家庭、社會。男女關係問題，蘊含的也是大道，因此《中庸》的下篇先從男女關係說起，接着再開始講父子、君臣、兄弟、朋友等問題。可見中庸之道也跳不出這個公認的準則。

原文：

　　汪石臣曰：《易》上篇，始於天地，下篇始於夫婦。夫婦亦道之大者，故《中庸》亦先說夫婦，而下始說及父子、君臣、兄弟、朋友。然君子之道亦不出達道。

　　有人問：程顥（號明道）説「老鷹飛向天空，魚兒躍入深水」，與孟子所説「一定要在求做聖賢的時候，不去預期效驗，心裏時時想着，不刻意強求進度，任其自然生發」意思相同，可是朱熹（人稱紫陽先生）到了晚年時，才由衷地説內心圓融、沒有疑惑了。這是為什麼？

　　答案是：孟子所説的「必有事焉而勿正」，君子需遵循中道來加深造詣，希望證得天理良心。聖人借用「鳶飛魚躍」的妙喻，是自性的天機流露，我們的心何不學習魚鳥的舒捲自如，致其良知呢？當自己牢固掌握了天理，就能積累深厚，用起來就左右逢源、取之不盡，講的是同一件事兩種表述而已。

原文：

　　問：明道謂，鳶飛魚躍與必有事焉勿正之意同，紫陽晚年方云乃今曉然無疑。此是如何？曰：必有事焉而勿正，所謂君子深造之以道也。鳶飛魚躍則自得之，而居安資深，左右逢源，是一是二。

不遠章

原典

子曰：「道不遠人，人之為道而遠人，不可以為道。《詩》云：『伐柯伐柯，其則不遠。』執柯以伐柯，睨而視之，猶以為遠。故君子以人治人，改而止。忠恕違道不遠，施諸己而不願，亦勿施於人。君子之道四，丘未能一焉：所求乎子以事父，未能也；所求乎臣以事君，未能也；所求乎弟以事兄，未能也；所求乎朋友先施之，未能也。庸德之行，庸言之謹。有所不足，不敢不勉；有餘，不敢盡。言顧行，行顧言，君子胡不慥慥爾？」

＊ 譯文：

　　孔子說：「大道本來不會遠離人的生活，如果人們實踐大道的方法遠離了生活，也就沒辦法繼續了。《詩經・國風・伐柯》中說：『砍削斧柄，砍削斧柄，斧柄的式樣就在眼前。』握着斧柄砍削斧柄，看似沒什麼兩樣，如果斜眼一看，還是發現差異很大。因此，君子推己及人，對不同的人採取不同的教化方式，只要他能修正自心就行。一個人做到忠恕，離道也就不遠了，也就是自己不願意做的事情，不要施加給別

人。君子的道有四項，我孔丘一項也難以做到：作為兒子應對父親做到的，我沒有能做到；作為臣民應對君王做到的，我沒有能做到；作為弟弟應對哥哥做到的，我沒有能做到；作為朋友應該先做到的，我沒有能做到。依中道努力實踐，按中道標準謹慎言談。德行有不足的地方，不敢不勉勵自己努力；言論佔上風，要留有餘地。說話要顧及行為，行為要顧及說話，這樣的君子怎麼會不忠厚誠實呢？」

朋友圈縱橫談

※ 張　岱

「道不遠人」，是指每個人自心具足，不假外求，「離人不遠」的「人」，是每個人的意思，不是獨指一個人。就如普通百姓飲食起居，而有一個人卻追求奇異，不按時飲食起居，時間一久肯定生病。醫生給他治病，道理很簡單，就是讓他與普通人一樣，恢復正常的飲食起居就可以了，還需要別的治療方式嗎？要幫助別人，就不要把自己不願意的事強加於人，否則就像自己喝美酒卻勸別人喝毒酒一樣，行嗎？這樣做就大大地背離大道了。

原文：

「道不遠人」，謂不遠於人人之人，非一人之人。辟如眾人眠食，而一人獨否，則一人病。醫者治之，使還於眾人之眠食而止矣，更何他求乎？施人以勿願，譬猶吾欲飲醇而勸人以飲鴆，可乎？其違道遠矣。

※ 謝象三

上一章告訴人們大道就體現在夫婦人倫之中，這就是「大道本來就離人的生活不遠」的引言。這一章不講孝悌忠信等道德觀念，卻重點講述如何做好兒子、大臣、弟弟和朋友，由此可見，大道就產生於人的生活中，作為君子要從中吸取治國理政的營養，針對不同的人採取不同的治理和教化方式。

原文：

謝象三曰：上章以道屬夫婦，便是「道不遠人」的引語。此章不言孝弟忠信，而言子臣弟友，正見即人是道，而君子所以以人治人也。

※ 楊復所

以人治人，聖人的意思並非要你去管治別人，而是要以推己及人的方法管理好自己。因為「大道本來就離人的生活不遠」，所以君子不斷在自己的心上做功夫，直到改善自己的心智模式為止。下面講到「忠恕」兩節，就是以人治人的事情。

原文：

楊復所曰：以人治人，非去治人也，蓋君子以人自治耳。只為「道不遠人」，故君子「以人治人」，改而遂止。下面「忠恕」二節，正是「以人治人」之事。

※ 陸景鄴

中庸之道，是由自己的本性率真而流溢出來的，不是依靠

理性思維去推導出來；忠恕待人，就是要用推己及人的力量，衝破自心與別人之間的隔閡。大道之行與忠恕應用，還是有較為明顯的層次，因此履行忠恕不能直接稱為「大道」，而是說「離道不遠了」。

原文：

陸景鄴曰：道，率吾性之自然，不由推致；忠恕，用比擬之功力，剖破藩籬。明是兩層，故不即謂之曰「道」，而曰「違道不遠」。

※ 張　岱

這就要求人們，不能將自己不願意的事強加於人，常常要求別人做到的，看看自己是否做得到，這大概算是做到忠恕了！大道離人的生活遠嗎？但是真正在日常生活中接觸最多的並可以稱為道的，只有忠恕而已。

原文：

不以勿願者施人，常以求人者反己，忠恕也夫！道豈遠乎？不遠人以為道者，惟忠恕而已矣。

※ 黃貞父

君子實行中道，絕不可出現過頭和不及的現象，所以才叫做「中庸」。過頭與不足，都是毛病。這些問題，是個人精神狀態過激而不加以約束，因此說「不敢不勤勉」，「不敢把事做絕」。「不敢」兩個字用得非常妙，也就是下面「顧」字體現的內在精神。「顧」就是要時時看管好放逸的自心，也就是第一章

「戒慎恐懼」的意思。只有時時反觀自己的意念，才算得上是履行中道的君子。

原文：

　　黃貞父曰：君子之道無有餘不足，故曰中庸。有餘不足，皆病也。此病只是精神放肆，故曰「不敢不勉」，「不敢盡」。「不敢」二字最妙，即下「顧」字精神，即首章「戒慎」「恐懼」。有此心神常攝，方是修道君子。

※ 陶石梁

　　「道不遠人」這一章的闡述最接近日常生活。「道不遠人」，就是離人情世故不遠。因此，不近人情的事情，都不能稱之為道。在實行中道時，如果以別人沒法做到的事情去期望他，把自己不願去做的事情去強加給別人，以自己不能做到的事情去要求別人，這些都是不近人情的做法。道理很簡單，只要在自己與別人相對時稍微去勘察，上下四方、春秋四時的事情就無不了了分明。

原文：

　　陶石梁曰：「道不遠人」章，語最切近。「道不遠人」，不遠於人之情也。是故不近人情之事，皆不可為道。以人所不及望人，以己所不願加人，以己所不能求人，皆所謂不近人情之事也。只就人己對立時，一加體勘，便六通四闢矣。

※ 湯宣城

　　想那「胡不」和「爾」等字眼，這些通俗的口語表達都是

退步的意思，從它上承「道不遠人」的意境看，不能拘泥於表達，把讚美當作進步。

原文：

　　湯宣城曰：想「胡不」字、「爾」字，口語俱是退步，直接「道不遠人」，不得泥讚美作進步說。

※ 王守溪

　　孔子謙虛地說了「四個未能做到」，某些人真的認為中庸之道是不可能實現的；如果自己傻乎乎地也跟着認為「不可能」，那是在給自己推卸責任。

原文：

　　王守溪云：「未能」，正想望中庸之不可能，若呆說「未能」，便是自諉。

素位章

君子素其位而行，不願乎其外。素富貴，行乎富貴；素貧賤，行乎貧賤：素夷狄，行乎夷狄；素患難，行乎患難。君子無入而不自得焉。在上位，不陵下；在下位，不援上。正己而不求於人則無怨。上不怨天，下不尤人。故君子居易以俟命，小人行險以徼幸。子曰：「射有似乎君子，失諸正鵠，反求諸其身。」

✳ 譯文：

君子安於本職依照中道而行，不生非分之想。處於富貴的地位，就做富貴人應做的事；處於貧賤的狀況，就做貧賤人應做的事；處於邊遠地區，就做在邊遠地區應做的事；處於患難之中，就做在患難之中應做的事。君子無論處在什麼境地，都能夠圓融自在。君子身居高位，不欺凌下屬；身居低位，不逢迎上級。端正自己而不苛求別人，這樣就沒有什麼抱怨了。上不抱怨天，下不抱怨人。所以，君子安居現狀來等待天命，小人卻鋌而走險妄圖獲得非分的東西。孔子說：「君子立身處世就像射箭一樣，射不中不要怪靶子不正，而要從自身上找原因。」

朋友圈縱橫談

※ 張　岱

　　所謂「素其位而行」的意思，就是在取得某個位置之前，先有所立足，也即孔子所說的「不患無位，患所以立」，然後才可以自然如意地流轉在不同的位置，因此叫做「素」，即本色，也就是個人立足社會的天理良知。這個本色，可以是青色的，可以是黃色的，也可以是其他顏色的，無論如何，君子即使身處黑色之中，也不會被染成黑色，他的本色始終如一，不會改變。他可以自由自在地出入於青黃等眾多顏色中，而不會沾染任何顏色，不會改變自己。如果能改變，那麼一次被染成其他顏色後，就不可以再次被染了。本身尚未達到那個層次，就企望得到那個層次的東西，叫做「願」，也就是非分之想。君子因為修得了高尚的道德，確立了生命的本色，取得了應有的位置，在那個位置上又磨煉了個人品質，哪會有什麼非分之想呢？「素富貴」等八句話，因為確立了尚未有富貴、有貧賤以及在邊遠處和患難間的本色，即使身處在這四種環境中，都不會喪失君子應有的道德品質，這就是中道的品性，因此才能說，這是自心反覆印證的所得。因為「自得」是出自內心、不假外求的，因此在身外追求也是徒勞的。因為身外之物，隨緣聚散，即使未能達到目標也不會怨天尤人，責怪自己沒有得到什麼。只要照顧好自心，無論身處何地，都是陽光大道；此身之外，無復牽掛，坦然接受命運；用這樣良好心態，安居現狀來等待天命，就不會出現心懷僥倖的事情了。最後一節，用射箭的禮儀來進一步說明。射箭的人，不去追求外在一百步遠的目標，而要將工夫用在短小的箭梢上，用在自己的身心上，才能得到其中三昧，形成自己的本色。此時，再以勝任兒子、大

臣、弟弟、朋友的角色作為目標，就沒有不命中目標的，因此說射箭背後深藏的道理，「就像一位君子應該做到的一樣」。

原文：

　　所謂「素其位而行」者，有所以立於位之先，而後可以轉徙於位之中，故曰「素」也。素可以青，可以黃，而君子涅而不緇，其素如一。可以出入青黃之中，而無改焉。使其改，則一染之後，不能更染矣。未至而望謂之「願」，所謂妄想也。有其素而因其位，於位而得其素焉，又何妄想之有？「素富貴」八句，存其未始有富貴、有貧賤、夷狄、患難之素，而行乎四者之間，故不失乎常，而常得吾體，故曰「自得」也。因「自得」，故不求得。因不求得，所以不怨不得。而隨身所處，悉為坦途；一身之外，盡委造化；而居易俟命，無兩事矣。末節證之於射。射者，不求於百步之外，而審於扶寸之括，得其身之素，而以為子臣弟友之鵠，無不中焉，故曰「似君子也」。

※ 張侗初 _____

　　太素，是指天地尚未形成的最初狀態，就是大道的起源，也就是人的天理之性，要求每個人按照自己的本能自然，隨興之所至，身在其位並擇善而行。如果起心動念不順從自心率真之性，失去天理良知，就是攀緣於外，存在非分之想了。人的優良品格，即使處於富貴的地位，也不為金錢地位所迷惑；處於貧賤的地位，不因生活艱難而動心；處於邊遠的地方，不以艱辛險阻而困擾。天地不能決定我的盛衰，別人不能掌控我的順逆，始終保持超然物外、平易自得的心態，始終保持坦蕩安然、崇高明睿的胸襟。做到這樣，君子就能通達天地萬物於一體而成其大身，因此説，「什麼事都要從自身上找原因」。

原文：

　　張侗初曰：太素者，道之始也，性也，率性則素位而行矣。起念不依本性，則願外矣。性者，入富貴而不淫，入貧賤而不亂，入夷狄患難而不驚，天不能造我榮枯，人不能司我順逆，廓然平易，坦然高明，君子所為通天地萬物為大身者也，故曰「反求諸其身」。

※ 張　岱

　　有勇無謀的莽夫彎弓搭箭，祈求能一箭射中靶心，必然會偏離目標。射箭的人手執弧弓、搭箭待射前，必然調節心理，熟悉弓箭情況，然後試試弓的分量，活動手臂，趁着草叢剛長、飛禽走獸一眼就能看到的時機，瞄準目標，百步穿楊，沒有射不中的。

　　學習射箭的技術在先，就像人生必先做好道德修養一樣，因此稱之為「安於所處的位置」；張弓搭箭，得心應手，就像內心調節到位，運用之妙，存乎一心，無所不獲，就叫做「自得」。

　　射箭的靶標叫做「正」和「鵠」，都是鳥的名稱。鵠，就是鴻鵠；正，就是鴟鳥。鴟鳥身子細小，飛得極為迅捷，因此箭靶就以之為名。

原文：

　　莽夫操弧以祈中的，勢所必無。持弓審矢，必其素相服習，然後弓勁手柔，獸肥草淺，貫革穿楊，無不如意。學射在先，故曰「素位」；得手應心，故曰「自得」。

　　正、鵠皆鳥名。鵠，鴻鵠也。正，鴟鳥也。鴟小而飛最疾，故取以為的。

行遠章

原典

君子之道，辟如行遠，必自邇；辟如登高，必自卑。《詩》曰：「妻子好合，如鼓瑟琴。兄弟既翕，和樂且耽。宜爾室家，樂爾妻孥。」子曰：「父母其順矣乎！」

※ 譯文：

君子實行中庸之道，就像走遠路一樣，必定要從近處開始；就像登高山一樣，必定要從低處起步。《詩經‧小雅‧棠棣》中說：「妻子兒女感情和睦，就像彈琴鼓瑟一樣；兄弟關係融洽，和順又快樂。使你的家庭美滿，使你的妻兒幸福。」孔子讚歎說：「這樣，父母大概也就稱心如意了吧！」

朋友圈縱橫談

※ 張　岱

《詩經》的原意是：要使妻子兒女感情和睦，如同彈琴鼓瑟一樣，就必先使兄弟之間和諧，進而彼此和樂融洽，才能真正

實現家庭美滿、妻兒幸福。由於兄弟妻兒的關係和睦，作為父母的才會稱心如意、諸事和順。看起來是家庭三個層次的關係問題，背後隱含的道理，走遠路定要從近處開始，登高山必定要從低處起步。當然，孝順父母是人之常情，不一定體現登高行遠的意志；然而，要讓父母心情愉悅，必有一定的由頭；這些事情，就是兄弟妻兒的和諧關係，這就是父母心情愉悅的由頭。將孝順父母作為登高行遠的志向，並非是說妻兒兄弟的人際關係是低層次的，也不是僅僅表達兄弟融洽、妻兒和樂、父母和順那麼簡單，因為做任何事情，都有一個先後順序。萬事循序漸進，欲速則不達，登高行遠的意義也就體現在這裏了。

原文：

《詩經》本解云：雖妻子好合，如鼓琴瑟，必兄弟既翕，而後和樂且耽，則是兄弟真能宜室家、樂妻孥者也。因兄弟及妻子，而父母亦順。看作三層，實有登高行遠之意。父母固不可作高遠，然順父母，必有其自。妻子兄弟，其自也。以順父母為高遠者，非以妻子兄弟皆卑邇者。亦非為翕，為樂，為順，事事皆有個節級。卑邇在此，高遠未嘗不在此已。

※ 張　岱

這裏講到行遠路「必須從近處開始」，而這一個「邇」字，它的高遠之處，可以窮盡萬里之外。我的身體在這裏，才是「從近處開始」的意思。「行遠」兩個字內涵深刻，必須深入領會。至此，如果還要說「行遠路必從近處開始」的話，說明你這顆心還執着有一個「遠處」。

※ 張　岱

　　將侍奉父母當作登高行遠的志向，看似會使天下那些好高騖遠的人心灰意冷。但是，舜帝遵照父命迎娶堯帝的兩個女兒，周武王、周公旦通達上天的意旨，善於繼承先人意志，這些是體現了高遠呢，還是淺近低下呢？

　　佛教讓人出家，這是捨棄人倫的表現；儒者高談闊論，卻無經世致用的能力。兩者在這裏犯了同樣的錯誤。

原文：

　　奉父母為高遠，則天下好高遠之心淡矣。舜受命，武周達於上帝，高遠乎？卑邇乎？

　　佛家遺棄人倫，儒者全無實用，皆於此處蹉過。

鬼神章

原典

子曰：「鬼神之為德，其盛矣乎！視之而弗見，聽之而弗聞，體物而不可遺。使天下之人，齊明盛服，以承祭祀。洋洋乎！如在其上，如在其左右。《詩》曰：『神之格思，不可度思，矧可射思？』夫微之顯，誠之不可掩，如此夫！」

＊ 譯文：

孔子說：「鬼神的德行真是盛大啊！看也看不見，聽也聽不到，但卻能生養萬物而無所不在。它使天下人都齊戒淨心，穿着莊重的服裝去祭祀它。它好像在你的頭上，又好像就在你左右。《詩經‧大雅‧抑》中說：『神的降臨，不可揣測，怎麼能怠慢不敬呢？』鬼神之德從隱微到顯著，只有用誠心來感知，如此而已！」

朋友圈縱橫談

※ 陸君啟

　　鬼神是極為虛無的，但如果人極度誠心就會感受到它的存在，所以本章這樣描述。為什麼要將「誠心」與鬼神聯結起來，由此而說鬼神是存在的呢？鬼神，人既看不見，又聽不到，就連孔子也說「祭神如神在」，鬼神是好像有的，難道是實有的嗎？即使真的實有，也不如誠心感受的更真切。

原文：

　　陸君啟曰：鬼神至無，而誠至即有，故云云。如何將「誠」推在鬼神身上而云實有？鬼神，視不見，聽不聞，而曰「如在」，鬼神豈實有者耶？「實有」亦當不得「誠」字。

※ 張　岱

　　鬼神就是鬼神，因此這一章主要講到祭祀問題。用天賦之能和教化功用等解釋，都是無視鬼神存在的。

原文：

　　鬼神便是鬼神，故通章以祭祀言之。良能、功用等語，可謂罔鬼神也。

※ 許白雲

　　本章說鬼神在上面，又說在人的左右，是上下左右到處都有鬼神的意思。並不是說可能在上面，可能在左右，虛無縹

緲，沒有確定的說法。文章中劈頭說「使得天下人怎樣怎樣」，是誰使得的啊？這句話形容得最好！

原文：

> 許白雲曰：言在上，又言在左右，充塞都是鬼神。不是或在上，或在左右，恍惚無定之說。劈頭說個「使天下之人」，誰使之也？此言最善名狀。

※ 張　岱

「中庸」原本是《禮記》中的一部分，是講述禮儀禮節的。《樂記》中說：「人世間既有有形的禮樂，也有無形的鬼神。」在《中庸》全文三十三章裏面，嵌入了「鬼神之盛德」這部分，正是說實行禮樂與祭祀鬼神的作用是一致的。

原文：

> 《中庸》原是禮書，《樂記》曰：「明則有禮樂，幽則有鬼神。」《中庸》三十三篇之陟入「鬼神之為德」，政是言禮樂鬼神功用合一處。

大孝章

子曰：「舜其大孝也與？德為聖人，尊為天子，富有四海之內。宗廟饗之，子孫保之。故大德必得其位，必得其祿，必得其名，必得其壽。故天之生物，必因其材而篤焉。故栽者培之，傾者覆之。《詩》曰：『嘉樂君子，憲憲令德。宜民宜人，受祿於天。保佑命之，自天申之。』故大德者必受命。」

＊ 譯文：

　　孔子說：「舜帝算是具有大孝的人吧？在德行上是聖人，在地位上是天子，財富擁有整個天下。人們在宗廟祭祀他，子孫守住他的功業。因此，有崇高品德的人必定得到他應得的地位，必定得到他應得的財富，必定得到他應得的名聲，必定得到他應得的長壽。因此，上天養育萬物，必根據它們的稟賦而厚待它們。能成材的就加以培育，不能成材的就加以淘汰。《詩經‧大雅‧假樂》中說：『高尚優雅的君子，有光明美好的德行。讓人民安居樂業，享受天賜福祿。上天保佑他，命他為天子，給他以重大的使命。』因此，有大德的人必定會承受天命。」

朋友圈縱橫談

※ 張　岱

《禮記‧禮器》中說：「先王在制禮的時候，首先考慮的是要適合時代環境。舉例來說，堯傳位給舜，舜傳位給禹，那是禪讓的時代；而商湯放逐夏桀，周武王討伐紂王，那是革命的時代。這就是與時俱進。」做什麼事情，要時時保持中和，也就是君子實行的中庸之道。這裏，列舉了舜帝禹帝及周文王周武王的例子，是說明中庸之道要與時俱進。這是亙古以來顛撲不破的真理。

原文：

《記》云：「禮時為大。堯授舜，舜授禹，湯放桀，武王伐紂，時也。」時中，君子之中庸也。歷舉舜禹文武，中庸善言時也。千古莫破。

※ 董思白

「有大德的人必定會承受天命」，前提是大德，不必拘泥於個人的命運，而必須從承受天命者看問題。但是，世上某些人總認為顏回德行卓越而短命，原憲潔身自好而貧賤，來說明德行雖好命運也可能極差，將孔聖人所說的厚德必受重報的「四必」（必得其位，必得其祿，必得其名，必得其壽），當作一種疑案。他們不理解聖人所說的地位、財富、名聲、長壽的因果關係，是在說明道理而不是在具體的命數。

原文：

　　董思白曰：「必受命」，不必於命，而必於受命者也。而世人妄以顏天憲貧，將聖人四必之旨作一種疑案。不知聖人之所謂祿位名壽者，論理而不必論數也。

※ 李九我

　　「故大德者必受命」，這是總結的語言，應該放在四「必」的前面。因此，四種「必然結果」的前提，必須是有崇高的德行，只有這樣必然受命於天。這個「受」字用得非常準確，值得品味。它說明舜帝憑藉大德承受天命，並非是老天爺與他有什麼私交而授予他。宋朝張耒的《明道雜誌》中說：「一升的容器，必定容不下一斗的分量。」兩種容器裝的東西恰好一樣，才叫做受。

原文：

　　李九我曰：「必受命」應在前。四「必」字前只必之以德，此方是必之以天。「受」字可玩。是舜可以受天之命，非天私之也。語曰：「升不受斗」，兩邊恰好曰「受」。

無憂章

子曰：「無憂者其唯文王乎！以王季為父，以武王為子，父作之，子述之。武王纘大王、王季、文王之緒，壹戎衣而有天下，身不失天下之顯名，尊為天子，富有四海之內，宗廟饗之，子孫保之。武王末受命，周公成文、武之德，追王大王、王季，上祀先公以天子之禮。斯禮也，達乎諸侯、大夫及士、庶人。父為大夫，子為士，葬以大夫，祭以士；父為士，子為大夫，葬以士，祭以大夫。期之喪達乎大夫，三年之喪達乎天子。父母之喪，無貴賤一也。」

＊譯文：

孔子說：「古代帝王中，大概只有周文王無憂無慮吧！他有王季這樣賢明的父親，有武王這樣勇武的兒子，父親開創了基業，兒子繼承了遺志，完成他未竟的事業。周武王繼續着太王、王季、文王未竟的功業，披戰袍、率雄師，滅殷商、得天下。周武王這種以下伐上的正義行動，不僅沒有失去顯赫天下的美名，反而被尊為天子，匯聚天下財富，宗廟

享受祭祀，子孫永續不斷。武王晚年才承受天命，及至周公才成就了文王、武王的德業，追尊太王、王季為王，用天子之禮祭祀歷代祖先，並且把這種禮制一直實行到諸侯、大夫以及士和庶人中間。周公制定的禮節規定：如果父親是大夫，兒子是士的，父死按大夫的禮制來安葬，按士的禮制祭祀；如果父親是士，兒子是大夫的，父死按士的禮制安葬，按大夫的禮制祭祀。守喪一年，通行到大夫；守喪三年的禮制，上至天子都能使用。至於給父母守喪，沒有貴賤的區別，天子、庶人都是一樣的。」

朋友圈縱橫談

※ 張　岱

　　周文王臣服聽命於殷商，周武王最終取得殷商的天下。如果以世俗的眼光來看，帶給周文王憂患的，莫過於周武王以臣子的身份革命了。但是，從實踐中庸之道來說，從家族利益出發擴大到以國家利益出發，雖然是重新建立了一個新的江山，但因是正義的事業，孔夫子才說他是繼承了父親的遺志，繼承了先輩未竟的功業；才說他成就了卓越的品德，弘揚了孝道，才算是善於繼承前人的遺志，善於記述前人的功業。周武王發動大軍到達古渡孟津，試探伐商的可能性；周文王在位時，已經取得三分之二的天下，仍然殷勤服事殷商；孔夫子將這兩件事並做一樁事來講，表達的都是一片為天下百姓謀幸福的赤子之心。以武力討伐暴虐君主的事業，因而可與舜帝承受天命的偉大事業相提並論，這是子思的本意。

原文：

　　文王以服事殷，武王竟取殷天下。以俗論，貽文王憂者，莫武王若矣。以中庸論之，化家為國，雖是另起一番事業，而夫子方以為述，方以為纘，方以為成德，方以為孝，方以為善繼善述；將觀兵孟津與有二服事之念打作一樁事，會成一片心；而放伐之業，竟可與大舜同其受命。此子思之旨也。

※ 張　岱

　　這一節，信手拈出周太王的事跡，表明不僅僅是一代人開基創業的；而末節點出周公制禮、代代流傳的例子。能做到這樣，周文王何憂之有？「周武王繼續着太王、王季、文王未竟的功業」，這件事體現在「父親開創了基業」的裏面，已經包含周文王的功德；「周公才成就了文王、武王的德業」，也是體現在「兒子繼承父親遺志」的裏面，也是包含周文王的功德。由此可見，周武王及周公開基創業，大展雄風，都是在實現周文王心中的理想，文王還有什麼憂愁呢？

原文：

　　此節拈出太王作前有作。末節拈出周公述後有述。安得有憂？「武王纘太王王季文王之緒」，則是「父作之」內，已兼有文王；「周公成文武之德」，則是「子述之」內，亦兼有文王。可見肇基鷹揚，皆文王意中事，何憂之有？

※ 韓求仲

　　周文王一生憂於家國，倍加勞苦，哪裏會無憂無慮呢？可見，子思提供一個新的角度來認識文王，是做翻案文章。

原文：

　　韓求仲曰：文王一生憂勤。子思此論是翻案。

※ 張　岱

　　本章既然説，「守喪三年的禮制，上至天子都能使用」；為何又説，「給父母守喪，沒有貴賤的區別，天子、庶人都是一樣的」，不是重複矛盾嗎？事實上，按照周禮來説，需要守喪三年的規定，不僅僅是父母之喪。如果嫡長孫為祖輩、父親為長子、丈夫為妻子守喪，就像天子與普通百姓一樣，都是按照同樣的禮制守喪的。當年周景王的穆后去世，同一時期太子壽也去世了。這時，賢臣叔向説，「天子一年中有了兩次三年之喪」，因此着重強調説：「給父母守喪，沒有貴賤的區別，天子、庶人都是一樣的。」這一段話朱熹批注中沒有説明，我特地在這裏指出來，以供學者參考。

原文：

　　本文既曰，「三年之喪，達於天子矣」，又曰，「父母之喪，無貴賤一也」，不幾重複乎？三年之喪，不獨父母也。適（編注：同「嫡」）孫為祖，為長子，為妻，天子達於庶人，一也。周穆后崩，太子壽卒，叔向曰，「王一歲而有三年之喪二焉」，故復曰：「父母之喪，無貴賤一也。」此段朱注未明，予特拈出以示學者。

達孝章

子曰：「武王、周公其達孝矣乎！夫孝者，善繼人之志，善述人之事者也。春秋修其祖廟，陳其宗器，設其裳衣，薦其時食。宗廟之禮，所以序昭穆也；序爵，所以辨貴賤也；序事，所以辨賢也；旅酬下為上，所以逮賤也；燕毛，所以序齒也。踐其位，行其禮，奏其樂，敬其所尊，愛其所親，事死如事生，事亡如事存，孝之至也。郊社之禮，所以事上帝也；宗廟之禮，所以祀乎其先也。明乎郊社之禮，禘嘗之義，治國其如示諸掌乎！」

* 譯文：

孔子說：「周武王和周公是守孝道的最好典範啊！所謂孝道，就是好好地繼承先人的遺志，好好地傳述先人的事跡。在春秋兩祭的時節，整修祖宗廟宇，陳列祭祀器具，擺設祖先衣裳，進獻應時美食。宗廟的禮儀，用來安排左昭右穆的順序；祭祀時按爵位排序，用來區分貴賤；祭祀時各司其事，用來辨出賢能之人；祭祀後宴飲時，晚輩必須先向長輩敬酒，

這樣祖先的恩惠就會延及到晚輩；宴飲時按頭髮的顏色來決定宴席坐次，這樣就能使老小長幼秩序井然。站在先王祭祀時的位置上，行先王之禮，演奏先王時代的音樂，尊敬先王所尊敬的，愛護先王所愛護的。侍奉死去的先人就像侍奉活着的人一樣；侍奉亡故的親人就像侍奉他還活着一樣，這是孝的至高境界。舉行郊社之禮祭拜天地，是用來侍奉天地的；舉行宗廟之禮，是用來祭祀祖先的。明白了祭祀天地的禮節、祭祀先祖的意義，治國之道就像孔子所説的看自己的手掌那麼容易！」

※ 姚承庵

這裏所説的「達孝」，是承接上一章的「達」字而來，意思是説，周武王和周公率先垂範，不僅自己盡到最大的孝道，而且還推行到社會生活的各個方面，使全社會形成了恪盡孝道的氛圍。「孝道」是每個人應具的美德，人人都必須行孝盡孝。武王、周公繼承先輩未竟功業，成就卓越德行，不僅是自身盡到孝道，而且普遍影響到諸侯、大夫以及士、庶民等各個階層中，使人們都按照自己的身份踐行孝道。這個孝道，是遍及於家庭、邦國以至於整個天下的，因此孔夫子用「達孝」兩字來概括。

原文：

　　姚承庵曰：此「達孝」即承上章「達」字來。「孝」是人

的庸德，人人所欲盡者。武王、周公纘緒成德，不特身盡其孝而達乎諸侯、大夫及士庶人，使皆得因分以自盡，則其孝是達之家國天下者，故夫子以「達孝」歸之。

※ 韓求仲

本章重點講述宗廟的禮儀一節，是治國理政的關鍵環節，也是達孝在社會生活中發揮影響。

原文：

韓求仲曰：宗廟之禮一節，是下文治國機關，亦即是達孝作用。

※ 張元岵

上面講到宗廟的禮儀，接下來又說到祭祀天地，尤其是講到祭祀祖先的意義，從中反映出祭祀天地的主要旨趣，就包含在祭祀祖先之中，不是講兩個不同的事情，而是一回事。後代之人粗疏，將祭祀天地看成頭等大事，卻將祭祀祖先當作普通家事。聖賢講述的道理，能小中見大，反之也能大中見小，所以才稱之為「達」，即通達。

原文：

張元岵曰：已前說宗廟，此說郊社，卻又於禘嘗說個義字，政見得享禘精神，就苞醞在享親裏面，不是兩番作用。若在後人，便把郊社看作天大來事。禘嘗作平等觀耳。聖賢道理，小中見大，大中見小，所以為達。

※ 韓求仲

　　辨別賢才，並非是辨別他賢能與否那麼簡單。如果沒有建立有效的機制，賢人就會埋沒，根本不可能辨別他的品格和才能。

原文：

　　韓求仲云：辨賢也，非辨賢否也。不序，則賢隱，無以辨其賢之品第才能。

※ 張　岱

　　《尚書・虞書》中記載舜帝的事跡，舜在堯的太廟接受了禪讓的冊命，於是向天帝報告繼承帝位的事，又祭祀了天地四時，祭祀山川和群神，就可以無為而治。那個時候天人接近，帝王治理國家大事，大多數在無形的鬼神上做文章。及至後代世事變亂，即使是同族的人都會互相傾軋，紛亂不已，人們沒功夫去研究這些事情了。

原文：

　　《虞書》記舜，只是類於上帝，禋於六宗，望於山川，偏於群神，便了卻垂裳作用。爾時天人相去不遠，帝王經綸，大半在幽明鬼神上做工夫。已後宇宙多事，同氣之倫，脊脊擾擾，無暇問及此矣。

※ 張　岱

　　有人請教，什麼才是祭祀祖先應有的意義？自從成周開始為諸侯時，只能實行秋天的嘗祭來祭祀祖先。當周武王取得天下並成為天子後，就從嘗祭發展出春天的禘祭，又從禘祭發展出祭祀天地的郊社之祭，這個過程不就說明它的意義了嗎？

原文：

　　人問：何為禘嘗之義？蓋周始為諸侯，止用得嘗。及為天子，乃因嘗而達之於禘，因禘而達之於郊社，豈非有義！

問政章

哀公問政。子曰：「文武之政，布在方策，其人存，則其政舉；其人亡，則其政息。人道敏政，地道敏樹。夫政也者，蒲盧也。故為政在人，取人以身，修身以道，修道以仁。仁者人也，親親為大；義者宜也，尊賢為大。親親之殺，尊賢之等，禮所生也。在下位，不獲乎上，民不可得而治矣。故君子不可以不修身，思修身不可以不事親，思事親不可以不知人，思知人不可以不知天。

　「天下之達道五，所以行之者三。曰：君臣也，父子也，夫婦也，昆弟也，朋友之交也。五者天下之達道也。知、仁、勇，三者天下之達德也。所以行之者一也。或生而知之，或學而知之，或困而知之，及其知之，一也。或安而行之，或利而行之，或勉強而行之，及其成功，一也。」

　子曰：「好學近乎知，力行近乎仁，知恥近乎勇。知斯三者，則知所以修身；知所以修身，則知所以治

人；知所以治人，則知所以治天下國家矣。

「凡為天下國家有九經：曰修身也，尊賢也，親親也，敬大臣也，體群臣也，子庶民也，來百工也，柔遠人也，懷諸侯也。修身則道立，尊賢則不惑，親親則諸父昆弟不怨，敬大臣則不眩，體群臣則士之報禮重，子庶民則百姓勸，來百工則財用足，柔遠人則四方歸之，懷諸侯則天下畏之。齊明盛服，非禮不動，所以修身也。去讒遠色，賤貨而貴德，所以勸賢也。尊其位，重其祿，同其好惡，所以勸親親也。官盛任使，所以勸大臣也。忠信重祿，所以勸士也。時使薄斂，所以勸百姓也。日省月試，既稟稱事，所以勸百工也。送往迎來，嘉善而矜不能，所以柔遠人也。繼絕世，舉廢國，治亂持危，朝聘以時，厚往而薄來，所以懷諸侯也。凡為天下國家有九經，所以行之者一也。

「凡事豫則立，不豫則廢。言前定則不跲。事前定則不困。行前定則不疚。道前定則不窮。

「在下位不獲乎上，民不可得而治矣。獲乎上有道：不信乎朋友，不獲乎上矣。信乎朋友有道：不順乎親，不信乎朋友矣。順乎親有道：反諸身不誠，不順乎親矣。誠身有道：不明乎善，不誠乎身矣。

「誠者，天之道也；誠之者，人之道也。誠者，不

勉而中，不思而得，從容中道，聖人也。誠之者，擇善而固執之者也。博學之，審問之，慎思之，明辨之，篤行之。有弗學，學之，弗能弗措也。有弗問，問之，弗知弗措也。有弗思，思之，弗得弗措也。有弗辨，辨之，弗明弗措也。有弗行，行之，弗篤弗措也。人一能之，己百之；人十能之，己千之。果能此道矣，雖愚必明，雖柔必強。」

＊ 譯文：

　　魯哀公請教如何為政。孔子回答説：「周文王、周武王治國理政的策略措施，都記載在典籍上。他們在世時，這些政策就實施；他們去世後，這些也就廢弛了。以人才施政，政治就可以迅速昌明；以沃土植樹，樹木就可以迅速生長。説起來，政事就像蘆葦一樣，可以很快就見到變化的。所以政事的關鍵在於人才，選拔人才取決於自身修養，修身立己在於遵循大道，遵循大道要從仁義做起。仁就是愛人，關愛親族是最大的仁。義就是事事做得適宜，尊重賢人是最大的義。至於説關愛親族要分親疏，尊重賢人要有等級，這都是禮的要求。因此作為君子，不能不注意自我修養；提高修養的關鍵，在於侍奉好雙親；侍奉雙親的關鍵，在於了解人性；了解人性的關鍵，在於了解天理。

　　「天下仁道體現在五個方面，用來實踐這五個方面的方法有三條。五個方面是：君臣、父子、夫婦、兄弟、朋友之間的交往，這五方面是天下的仁道。智、仁、勇三條是天下最崇

高的品德，這三條實行起來結果是一樣的。有的人生來就知道，有的人通過學習才知道，有的人要遇到困難後才知道，但只要知道了就是一樣的了。又比如説，有的人自覺自願地去實行，有的人為了利益才去實行，有的人勉勉強強地去實行，但只要實行了就都一樣。」

孔子説：「好學的人，離智者也就不遠了；竭盡全力去實踐，離仁者也就不遠了；時刻把榮辱記在心上，離勇者也就不遠了。知道這三點，就知道憑什麼修身，知道如何修身，就知道憑什麼管理他人，知道如何管理他人，就知道憑什麼治理天下和國家了。

「治理天下國家有九條原則：修養自身，尊敬賢人，愛護親族，敬重大臣，體恤眾臣，愛民如子，勸勉工匠，善待外人，安撫諸侯。修養自身，就能樹立符合周禮的道德；尊重賢人，就不會對道理產生懷疑；愛護親族，伯叔兄弟之間就不會怨恨；敬重大臣，就不會遇事張皇失措；體恤眾臣，士人們就會竭力報效；愛民如子，老百姓就會忠心耿耿；勸勉工匠，國家財政就會富足；善待外人，四方百姓就會歸順；安撫諸侯，天下的人都會敬畏了。像齋戒那樣淨心虔誠，穿着莊重整齊的服裝，不符合禮儀的事堅決不做，是為了修養自身；驅除小人，疏遠女色，看輕財物而重視德行，是為了尊崇賢人；尊重親族的名分，給以豐厚的俸祿，與他們愛憎相一致，是為了愛護親族；多置普通官吏供大臣差遣，使他們集中精力想大事，是為了敬重大臣；真心誠意待士人，較多俸祿養他們，是為了體恤眾臣；使用民役不誤農時，少收賦稅，是為了愛民如子；經常視察考核，按勞付酬，是為了招納工匠；來時歡迎，去時歡送，嘉獎有才能的人，救濟有困難的人，是為了善待外人；延續絕後的家族，復興滅亡的

國家，治理禍亂，扶持危難，按時接受朝見，贈送豐厚而納貢菲薄，是為了安撫諸侯。總而言之，治理天下國家有九條原則，但實行起來結果都是一樣的。

「任何事情，事先做好預案就會成功，沒有預案就會失敗。說話先有準備，就不會中斷；做事先有準備，就不會受挫；行為先有準備，就不會後悔；道路預先選定，就不會走投無路。

「作為下級，如果得不到上級的信任，就不可能治理好百姓。上級信任是有辦法的：得不到朋友的信任也就得不到上級的信任。朋友信任是有辦法的：不孝順父母就得不到朋友的信任。孝順父母是有辦法的：自己不誠心就不能孝順父母。以誠立身也是有辦法的：不明白什麼是善，就不能以誠立身。

「真誠是上天的本性，效仿上天真誠的本性，就是每個人應遵循的道路。真誠的人，不用勉強就能做到不偏不倚，恰到好處；用不着動腦筋，做事情就能夠馬到成功；在任何時候都是處變不驚、從容泰然，永遠都在中庸之道上，這樣的人是聖人。努力做到真誠，就要選擇美好的目標並執着追求。博採眾長地學習，對事情刨根問底，慎重考慮問題，明白地辨別問題，腳踏實地地實行。要麼不學，學了沒有學會絕不罷休；要麼不問，問了沒有懂得絕不罷休；要麼不想，想了沒有想通絕不罷休；要麼不分辨，分辨了沒有明確絕不罷休；要麼不實行，實行了沒有成效絕不罷休。別人用一分努力就能做到的，我用一百分的努力去做；別人用十分的努力做到的，我用一千分的努力去做。如果能做到這樣，雖然愚笨也一定可以聰明起來，雖然柔弱也一定可以剛強起來。」

※ 張　岱

　　孔夫子在一生中，有關治國理政的論述很多，但都是片言隻語，都不如這一次回答魯哀公詳細。子思將這次言論着重地寫進了《中庸》，足以見得孔夫子雖沒有像舜那樣得到禪讓的機遇，沒有像周武王那樣有討伐紂王的功業，也沒有像周公那樣攝政當國的權力，但是天下國家經世致用的思想，無不應有盡有；由此可見，堯舜以來傳承的治國理政和文化精神的脈絡，都盡歸於孔夫子的掌握中。

　　當時魯國政權旁落、君威衰微，主要原因是尊卑高下的等級系統出了問題，王權被當政的季孫等三家大夫所控制。孔夫子在與魯哀公的交談中，隱約地諷諫了這兩方面的弊政，充滿了無限的機鋒。

原文：

　　夫子論政多矣，莫詳於告哀公。子思採入《中庸》，以見夫子無舜之遇，無武之功，無周之權，而其天下國家之作用無不備足；則堯舜以來之統，所以歸之夫子也。

　　當日公室衰弱，全因等殺不明，故政在大夫。夫子藏此二語，有無限機鋒。

※ 謝象三

　　在國家中建立明確親族的關係和尊卑的等級關係，就會使人們更加真心實意地敬愛尊長和父母。

原文：

　　謝象三曰：有等有殺，尊親益篤。

※ 張　岱

　　現在這裏有一片田地，如果沒有種植樹木利用其肥沃，就等同於瓦礫之地而荒棄。虞舜的時候，即使將共工、兜、鯀（大禹的父親）、有苗氏（三苗）四個凶神流放到四方，也沒有引起禍亂；紂王的時候，即使朝廷中有微子、箕子、比干三位賢人，但卻使國家滅亡了。治理國家就像耕地，使用人才的關係重大着呢！

原文：

　　今有壤地於此，無樹木以取滋膏腴，與瓦礫等棄耳。虞不以四凶亂，殷反以三仁亡，取不取之所繫大矣。

※ 徐自溟

　　這裏不說「義親序別信」等核心詞，不說君臣之義、父子之親、兄弟之序、夫婦之別、朋友之信，只是列舉了君臣、父子、兄弟、夫婦、朋友幾個方面，這是因為人倫本身就是大道的體現，說明大道就沒有離開人倫關係，就在日常生活中，在日常的倫理道德中。因此才說，「仁，就是愛人」的思想，將人倫講透了，大道就出現了。

原文：

　　徐自溟曰：不言義親序別信等字，而只列言君臣父子夫婦

兄弟朋友者，蓋即人即道也，道不遠人也。故曰，「仁者，人也」，言人不必更言道矣。

※ 李崆峒

治國理政的要務，關鍵在於選賢任能，如果不是賢能的人而使用他，就是沒有將官位當成官位；取用人才，關鍵在於德才兼備，如果不是德才的人而取用他，就是沒有將人才當成人才。不將人才當人才，還振振有詞說「世上沒有人才」；不將官位當官位，還振振有詞說「世上沒有可當官的人」，哪裏有什麼天理啊！孟子指出：「虞國不用百里奚這樣的人才而滅亡，秦穆公任用他就稱霸天下。」開國功臣劉基、徐達固然是元朝時代成長的人，由於得到太祖朱元璋的重用，而使明朝興盛起來。從這些例子來看，世上是有人才呢？還是沒有人才呢？

原文：

李崆峒曰：為政在人，非其人而用之，則不官；取人以身，非其身而取之，則不人。不人而曰「世無人」；不官而曰「世無官」，有是理哉？孟子曰：「虞不用百里奚而亡；秦穆公用之而霸。」劉基、徐達固元生之也，我太祖用之而興。世無人耶，有人耶？

※ 韓求仲

孔子曾經列舉的治理國家的九條原則，其中指出：要「勸勉工匠」，讓他們安居樂業，這是因為明君為了國家富足，很多財政收入來自各行各業的賦稅，因此必須降低稅率，才

能使國庫充盈。這些道理，事實上是《管子》《商君書》的源頭。

原文：

　　韓求仲云：「經」曰：「來百工」，蓋聖王足國俱取諸工，故薄斂而國用足，此管商諸書之祖也。

※ 王顯甫

　　為什麼不說諸侯敬服，而說天下敬服呢？因為天下敬服就包含了諸侯都擁護的意思，沒有誰敢欺侮。

原文：

　　王顯甫曰：不曰列辟畏之，而曰天下畏之，則還是諸侯擁護，內外莫侮意。

※ 張　岱

　　至於講到「誠」與「誠之」的兩個不同解釋，事實上內涵雖有兩種，對人卻是一人，並非有兩個人兩個道。可惜的是當時世道昏暗，又有誰能真正理解孔夫子的意思和苦心呢？「誠」的問題，就是要真誠，有誠意，這個誠意是發自內心的，並非有了成就後才能顯現，其實在你躬身踐行時，誠意就頓然產生了。

原文：

　　「誠」與「誠之」有兩解，無兩人。世眼瞶瞶，誰能解此？不是功力盡後見誠，就下手時，便是誠處。

※ 羅文恭

　　真誠的心，是不能從大腦思維中去獲得的，否則假如你的大腦沒有這個思維的影像，就找不到誠心了；同理，也不能固守着一個所謂的誠心的存在，如果你一旦心念旁移，誠心也就不見了。要使這個天理良知從內心中昭然透出，隨時本身具足、應用自如，不從大腦的思維中獲得，也不是從內心的存取而來，一定是內心一點靈明油然而生，悠然廣闊，無邊無際，與眾不同，毫不費力就處於不需思慮、不需存取的自然狀態。「中」的內涵是不可思議的，「和」的境界是不能強力去做的。不需要思維，就能得到所想得到的，可以認為是達到「中」的境界；不需要勉強自己，就能做到隨心所欲、恰到好處，可以認為是達到「和」的境界。因此，要真正做到「中」，要發自內心，它是努力思維也得不到的；要真正做到「和」，要順其自然，它是傾盡全力也得不到的。

原文：

　　羅文恭云：落思想者，不思即無；落存守者，不存即無。欲得此理炯然，隨用具足，不由思得，不由存來，此中必有一竅生生，奲然不類，易無思無為也。「中」不可思議，「和」不可作為。不思而得，可以想「中」；不勉而中，可以想「和」。致中者，着想不得；致和者，着力不得。

※ 張　岱

在古代，堯帝舜帝之間的迎揖遜讓，商湯周武王的征伐誅滅，周公率軍東征連利斧都砍鈍了，這些輝煌的歷史故事，驚天動地，駭古震今。即使是我們這些後人看來，也是嚇得説不

出話來。為什麼這些光輝事跡，在聖人的心中流淌而出，卻是像日常穿衣吃飯那樣自然隨性，不需要絲毫的勉強？這才是瀟灑從容的妙處，也是中庸之道的妙處。

原文：

> 古來堯舜揖遜，湯武征誅，周公破斧等事，驚天動地，駭古震今。即自後人觀之，頗為咋舌。何以自聖人出之，卻是吃飯着衣，不惹分毫勉強？此從容之妙也，此中庸之妙也。

※ 張　岱

中庸之道的種子拿到手，工夫自然就非常樸實，既不顯山露水，也沒有什麼精彩炫目的，因此才叫「實實在在地落實」，才能做出成效，才能明了中庸之道。博學、慎思、審問、篤行這幾個階次，都是聖人接引學人的方便法門，就像禪宗大德接引學人的諸多方便一樣。到了「雖愚必明」「雖柔必強」的狀態，這些所謂的方便法門都用不上了，因此說：「身體沒有病了，就要去掉對藥物的依賴；要歸鄉回家，就不要去詢問路程有多遠。」

原文：

> 明辨處種子到手，功夫自然樸實，不露一些精采，故曰「篤行」。博學、慎思、審問、篤行，都是方便法門。到得「明」「強」，方便都用不着，故曰：「無病仍除藥，還家莫問程。」

誠明章

自誠明，謂之性；自明誠，謂之教。誠則明矣，明則誠矣。

＊ 譯文：

由內心真誠而明白事理，是人的本性；從明白事理而啟發真誠之心，是道德教化。一念真誠，事理昭然明白；事理昭然明白，更加激發真誠。

朋友圈縱橫談

※ 張　岱

《中庸》開篇説，上天賦予人的稟賦叫做本性，依照中道而有的修行工夫即是教化，「性」與「教」名雖不同，都來自內心這個根源。這裏説，「自誠明謂之性，自明誠謂之教」，看似修行的兩條不同道路，其實是殊途同歸的。佛教經典《楞嚴經》中説：「性覺妙明，本覺明妙。（性覺就是人佛性的自我顯現，因妙有而能顯現世界萬法；本覺是人本具的覺察能力，因能顯

現世界萬法而妙有）」孫繼魯注釋說：「寂然無聞的真心把有形有相的萬法照耀顯現出來，就叫做妙明；在萬法照耀顯現的同時，真心又是寂然無聞的，這叫做明妙。」就是《中庸》中這句話的意思。

原文：

天命之謂性，修道之謂教，異名只是同源。「自誠明謂之性，自明誠謂之教」，兩路總歸一路。《楞嚴經》上說「性覺妙明，本覺明妙」。松山注云：「即寂而照曰妙明；即照而寂曰明妙。」即此意也。

※ 張　岱

《論語》中沒有專門講述「誠」的問題，《中庸》才開始闡述。周敦頤說：「真誠，是不需要思慮的；真誠，是順勢而沒有造作的。」他這樣解釋「誠」字，真正點出了要旨，其他解釋都是曲解。

本章首兩句，是《中庸》第一章「天性」和「教化」方面的深入分析，後面兩句是前一章所講的「為政」獲得成功的關鍵一環。由真誠而明白事理，就像鑽木取火一樣，哪能取不到呢？一旦取到就足夠了。由明白事理而進一步啟發誠心，就像一邊向別人借火種，一邊又尋找燧木一樣，卻不知燧木中就能生火，事實上只要得到燧木，就無需再去借火種了。既然將火生起來了，哪裏還有火種和燧木的差別？因此，由真誠而明白事理，並沒有離開教化；由明白事理而激發誠心，也未必不是順應本性。

原文：

　　《論語》無「誠」字，《中庸》始言之。周子曰：「誠無思，誠無為。」此解「誠」字之妙旨也。別解皆非。

　　首二句即首章「性」「教」之分，下二句即前章成功之一。誠明者，如燧取火，何嘗不取？取之隨足。明誠者，如乞火覓燧，不知燧中有火，到得有燧，無用乞火矣。火既到手，豈有二耶？故誠明未嘗廢「教」，明誠未始不率「性」。

盡性章

原典

唯天下至誠，為能盡其性；能盡其性，則能盡人之性；能盡人之性，則能盡物之性；能盡物之性，則可以贊天地之化育；可以贊天地之化育，則可以與天地參矣。

＊ 譯文：

　　只有天下真誠到極致的人，才能將自己的天賦本性發揮到極致；能將自己的本性發揮到極致，就能將別人的本性發揮到極致；能將別人的本性發揮到極致，就能將萬物的本性發揮到極致；能將萬物的本性發揮到極致，就能幫助彌補天地生成萬物之不足；能幫助彌補天地生成萬物之不足，就可以與天地並列為三才了。

朋友圈縱橫談

※ 張侗初 _____

　　什麼叫「至」？就是「沒有聲音沒有氣味到了極點」中「極點」的意思。什麼叫「盡」？就是以天地萬物與我為一體。至

誠是人的本性。只要做到至誠，一念良知，本性渾然具足，哪會有不盡之處？盡性就是盡人性和盡物性的意思。就像將各種檀香沉香混合在一起，哪怕是燃燒極為微小的一點，就會散發出各種香料的味道；就像在大海中暢游，哪怕是汲取極為細小的一滴，它也會融匯了江河湖澤的波濤。真正擁有一切的，是無邊無際的虛空；無處不在觀照的，是清淨常寂的本心。這就是將天賦的本性發揮到極致的含義。

原文：

> 張侗初曰：何謂「至」？「無聲無臭，至也。」何謂「盡」？天地萬物為一體，盡也。誠即性也。誠至而性渾然全矣，有何不盡？盡性即是盡人性、盡物性也。譬如和合諸香，爇一塵具足眾氣；沐浴大海，掬微滴用匝百川。無不有，乃無際之虛空；無不照，乃無塵之淨境。此盡性之義也。

※ 楊復所

我們儒家的學說，本來是把盡人性、盡物性作為肩負的責任，將彌補天地生成萬物之不足作為畢生的工作。那些不真誠的人，因為虛偽就不能充分發揮其本性，最終落得和草木一樣腐朽而不會留下什麼。極端真誠的人，能夠將天賦本性發揮到極致，與天地並立為三才。遠離哪一種，效法哪一種，每個人都要自己選擇。

原文：

> 楊復所曰：吾儒之學，原以人物為擔子，化育為生涯。作偽者，不能盡其性，遂與草木同朽腐。至誠者，能盡其性，則與天地並立而為三矣。孰去？孰取？人其擇之。

人的本性能夠生成天地，彌補天地生化萬物之不足。天地萬物必須憑藉人的本性才能存在，人的本性卻不依靠天地而存在，這樣才可以與天地萬物並立為三才。每個人都要深入體認誠的本體與自性的本體。無藉虛飾，就是真誠。有此真誠，人的本性才能應用自如，不陷於憑空守寂。自心通達自在，沒有障礙，就是本性。有了這個本性，真誠就不會停留於大腦思慮和造作。

原文：

性生天、生地，故可以贊天地之化育。天地萬物依我性而立，我性不依天地萬物而立，故與天地萬物並立而為三。人須要識得個誠體性體。無假之謂誠。有此誠，故性用不淪於空寂。無礙之謂性。有此性，故誠境不滯於思為。

致
曲
章

原典

其次致曲，曲能有誠。誠則形，形則著，著則明，明則動，動則變，變則化。唯天下至誠為能化。

※ 譯文：

比聖人略遜的賢人，專心致志地探索某一方面事物，也能具有真誠。真誠發揮作用就能了知事物真相，從而對事物產生影響，事物受到影響就會發生改變，有了改變就可以提升到新的境界。在普天之下，唯有極致的真誠，才能改變和提升事物。

朋友圈縱橫談

※ 張　岱

什麼叫做「曲」？我說，就像石頭裏面隱藏着冒出火星的潛能，一擊打就會迸現火星，並能傳遞散佈。什麼叫做「化」？就像石頭裏的火星冒完了，石頭也就灰飛煙滅了。

「致曲」的意思，就是針對事物的細微、幽深之處，竭盡全力探明它的真相。一旦真正明白了，就一切都明白了，這只有天下極端的真誠才能做到。探求事物的最為細微之處，需要日積月累和循序漸進，直到某一天豁然開朗，成功的結果都是一樣的。

原文：

何謂「曲」？曰：火在石中，擊石傳火。何謂「化」？曰：火出石盡，灰飛煙滅。致曲者，委曲而致之也。一了百了，惟至誠能之。致曲卻須積漸，到得透露處，成功則一。

※ 姚承庵

「曲」即是竭盡全力成就某事的意思，不要把它理解成偏頗。至誠的聖人，不用勉強就能做到，不用思考就能明白，自然而然就能最大限度發揮出天性，多麼直接了當！那些立志接近聖人的，一定要擇善固執，廣博學習，敢於懷疑，深入思考，辨明真理，忠實踐行，這個過程是非常曲折的！這些工夫有一項做不到，善行就不會彰明，誠心就不會顯現。因此說：「專心致志地探索某方面的事物。」

原文：

姚承庵曰：「曲」即曲成之曲，不當作偏字解。誠者不思不勉，自然能盡其性，何等直截！其次則必擇善而固執之。要博學，要審問，要慎思、明辨、篤行，何等曲折！此等一不推致，即不能明善誠身矣。故云「致曲」。

「只有天下極致的真誠，才能化育萬物」，專心致志於某一方面的賢人，在這方面和聖人也是一樣的。這句話包含有這層意思。

原文：

「唯天下至誠為能化」，而致曲者亦與之同矣。語意如是。

筋知章

原典

　　至誠之道，可以前知。國家將興，必有禎祥；國
家將亡，必有妖孽。見乎蓍龜，動乎四體。禍福將至，
善，必先知之；不善，必先知之。故至誠如神。

＊ 譯文：

　　人達到極端真誠的境界，就可以預知未來。國家將要
興盛，必然有吉祥的徵兆；國家將要衰亡，必然有不祥的反
常現象。這些都可以通過占筮占卜反映出來，也可以通過人
們的動作威儀表現出來。禍福將要來臨時，是福可以預先知
道，是禍也可以預先知道。因此說，人能達到至誠的境界，
就可以如同神明一樣無所不通。

朋友圈縱橫談

※ 顧涇陽 _____

　　本章不說真誠到極致的人，而是說人的真誠到了極致的境
界，這種表述非常準確。就如當今一些平常人，對於別人的是

非利害，都能較為準確地預測到，是因為他自己沒有置身於局內，沒有一分一毫的私欲摻雜在裏面，所以看得清清楚楚。這也是本章所說的「至誠之道」的內涵。

原文：

　　顧涇陽曰：不說至誠之人，而說「至誠之道」，極是。凡今之庸人，於他人之是非利害，無不預先知之，只為自己不在局內，無一毫我私參入其中，便自眼清，此即所云「至誠之道」也。

※ 張　岱

　　「至誠如神」，不是說至誠的神奇，而是說至誠的平常無奇。天下的道理都是很平常的，如果秉持事物好與壞的道理，借助於占筮占卜和對動作威儀的觀察，興旺衰敗都是能預測出來的。所用的都是平常的道理，但普通人並不知道。普通人不知道這些，可一旦真誠做到極致卻可以知道，因此至誠就被稱為「像神明一樣」，而它平常無奇的本質卻被忽視。《周易》中的《乾文言》，讚美乾卦的九二爻辭「見龍在田，利見大人」，說它指的是「日常的美德如何踐行」，「日常的行為如何做到中道」，而最終達到「德行博大而能感化萬民」的境界。化育百姓是從平常無奇中做到的，像神明一樣是從極端真誠中產生的，二者的意義是一樣的。

原文：

　　「如神」，非言至誠之神，正言至誠之庸也。天下莫庸者理，執其善不善之理，而後著龜靈，四體著，興亡可卜。庸而已矣，而人不知也。人不知，而至誠知，故至誠有「如神」之

稱，而沒庸常之實。《易》之贊見龍也，曰「庸德之行（編注：《易‧文言》作「庸言之信」）」，「庸行之謹」，而繼之「德博而化」，化從庸出，神從誠出，其旨一也。

※ 張　岱

　　這一節文字的內容，也還是在講述中庸之道，與前面諸章所講述的意思是一致的，比如：《費隱章》中所講的「君子的道廣大而又精微」，《不遠章》的「忠恕之道」，《素位章》的「君子安於現在所處的地位去做應做的事，不生非分之想」，《行遠章》的「君子實行中庸之道，就像走遠路一樣，必定要從近處開始；就像登高山一樣，必定要從低處起步」，《鬼神章》的「鬼神的德行可真是大得很啊！看它也看不見，聽它也聽不到，但它卻體現在萬物之中使人無法離開它」，等等。

原文：

　　此節書總是言中庸，猶費隱、忠恕、素位、行遠自邇、鬼神體物之意。

※ 張　岱

　　達到至誠的境界而能預知未來的事情，也只不過是吉兆、妖邪、占筮占卜、動作威儀、善與不善這些東西。而這些體現的都是中庸之道，並非有什麼荒誕的奇門術數。

原文：

　　見得至誠前知，亦只是禎祥、妖孽、著龜、四體、善不善耳。皆中庸之道，非有奇怪術數也。

樊噲請教陸賈說：「自古以來，帝王是順從天意、接受天命的。他們出生或治世清平時，就會有人說是天降祥瑞以應之，有沒有這回事啊？」陸賈說：「有的。就像日常生活中，突然眼皮跳一般有人請吃飯，燈花閃爍會得到意外之財，喜鵲呱呱叫就會知道客人來，蜘蛛集結在一起就會好事多。生活小事可以看到預兆，國家大事也是這樣。」

原文：

樊噲問陸賈曰：「自古人君受命於天，云有瑞應，豈有是乎？」賈曰：「目瞤得酒食，燈花得錢財，乾鵲噪而行人至，蜘蛛集而百事喜。小既有徵，大亦宜然。」

※ 許白雲

禎字，即貞正，有堅貞端方的意思。人們如果躬身行善，上天就會以吉祥的徵兆鄭重地告知他。祥字，即祥瑞，有周詳審慎的意思。上天要降臨人間禍福的事情，會事先以吉兆或凶兆的形式，周詳審慎地告知人們，讓他們省悟。

原文：

許白雲曰：禎者，正也，人有以善，天以符瑞正告之。祥者，詳也。天欲降以禍福，先以吉凶之兆詳審告悟之。

※ 張　岱

《說文解字》中說：「穿着打扮離奇古怪，歌謠隱含諷喻之

辭，草木長勢奇特，就會被稱為妖；異乎尋常的飛禽走獸和蝗蟲等危害莊稼的害蟲，都被稱為孽。」

原文：

《說文》云：「衣服謗謠草木之怪謂之妖，禽獸蟲蝗之怪謂之孽。」

※ 張 岱

子路請教孔子說：「豬羊的肩胛骨灼後同樣可以得到兆，用萑葦槁芼這些草同樣可以得到數，為什麼一定要用蓍草和龜甲呢？」孔子說：「不是這樣說的。我想大概只是取蓍和龜這兩個名字的含義吧。稱之為蓍，是代表生存時間長；龜則是代表年代久遠。使用它們，是指出要辨明疑惑不定的事情，應該請教德高望重的人。」

原文：

子路問孔子曰：「豬肩羊膊可以得兆，萑葦薰芼可以得數，何必以蓍龜？」孔子曰：「不然，蓋取其名也。夫蓍之為言者，龜之為言舊也，明狐疑之事當問者舊也。」

※ 張侗初

政治清明或混亂，體現的是時運；占卜蓍草和龜甲，揭示的是命運；人體四肢，表現的是神態氣質。災禍祥瑞依託時運而顯現，預感跡象通過占卜術數而顯現，容貌神態伴隨身體而顯現。這些都是人的現象，不是天的層次。如果要說生來就有而且先於人的感覺經驗和實踐的東西，那就只是至誠。它能對

事物未來的好壞進行的預知，是在運用吉兆、妖邪、占筮占卜、動作威儀這些東西之前。這種預知是人天性的能力，能夠轉動天地卻不居功自傲，能夠促成萬物變化成長而不動聲色，因此說「人能達到至誠的境界，就如同神明一樣」。有人說至誠能預知未來，就像鬼神說有就有、說無就無一樣，可以使人與天地並列為三才，彌補天地生成萬物之不足，就是這個原因。

原文：

　　張侗初曰：治亂，運也；蓍龜，數也；四體，形也。災祥乘運而見，徵兆偶數而生，形神依身而立。總謂之人，不謂之天。若論先天，卻有個至誠之道在。善不善先知者，知之於禎祥、妖孽、蓍龜、四體之先也。先知是性中之知，旋轉天地而無功勳，變化萬物而無聲色，故曰「至誠如神」。謂至誠前知之道，如鬼神之有有無無，而參三才贊兩間者，以此也。

自成章

原典

　誠者，自成也；而道，自道也。誠者，物之終始，不誠無物。是故君子誠之為貴。誠者，非自成己而已也，所以成物也。成己，仁也；成物，知也。性之德也，合外內之道也，故時措之宜也。

✻ 譯文：

　　誠，是自我成就的意思；道，是自我引導的意思。真誠，貫穿於萬物的始終，沒有真誠就沒有宇宙萬物。所以，君子以真誠作為最高追求。真誠，不僅僅是自我完善、自我實現、自我成就而已，還要去成就外物。成就自己，是仁的表現；成就萬物，是智慧的表現。真誠是人自性具足的品德，是自我與他人、主體與客體、內心世界與外部世界的一體之道，所以什麼時候運用都可以。

朋友圈縱橫談

※ 張侗初

　　盡性，是在人性和物性兩方面盡全力發揮；個人的自我完善、自我實現、自我成就，以及自我引導，卻只能在成就萬物上成就。這是為什麼呢？因此本性並沒有兩個，人性與物性是同一的，所以至誠之所以能夠自我成就、自我引導，與成就萬物始終是一致的。人性和物性，都同樣是上天賦予的本性，既是成就萬物、窮盡變化的所在，也是成就自己、完整圓滿的所在。因此說，這是「任何時候運用都是可以的」。時，是至誠之性能成就萬物的神妙潛能和外在作用。「誠」，就像一個人的全部。什麼叫做「仁」？就像一個人的血脈與元氣；什麼叫做「智」？就像人的身體有一個地方有痛癢，全身都感知到，它是血脈與元氣能夠覺察的所在。「仁」和「智」，都是「誠」的別名而已。

原文：

　　張侗初曰：盡性，即盡人物之性上盡；自成自道，只在成物上成。何以故？性無二，故誠之所以自成自道，即物之所以成始成終。同一天命之性，所以成物盡變處，乃是成己完滿處，故曰「時措之宜」。時者，德性中成物妙用也。「誠」，如人一身然。何謂「仁」？一身之血脈元氣也。何謂「知」？一處痛癢，滿身皆知，血脈元氣之覺處也。「仁」「知」俱「誠」之別名。

※ 沈虹台

「誠之為貴」,「誠之」即君子在人生中如何正心誠意,隱含着的工夫,也就是「擇善固執」——選擇追求人生真誠的崇高理想,然後死心塌地地走下去。「故」字,是緊接上文而言的。

原文:

沈虹台曰:「誠之為貴」,「誠之」字內有工夫,「擇」「執」是也。「故」字緊領上說。

※ 楊復所

人成就外物,就容易說成是人的「仁德」,這裏卻說是「智慧」,表述非常妙。一個人,有責任有魄力承擔世界,有肩挑乾坤的胸懷和抱負,如果沒有十分過人的膽識及卓絕的才智,是不可能做到的。這就是《大學》裏面說的誠意,必先了解事物;《中庸》裏面說的以至誠立身行事,必先了解善為何物。如果缺乏「智慧」,那麼「仁」就是一個人自我成就的「小仁」而已。

原文:

楊復所曰:「成物」,容易說「仁」,而此獨說「知」,極妙。蓋凡欲擔當世界,肩荷乾坤,非有過人之識、絕世之智者決不能。此所以《大學》說誠意,必先致知,《中庸》說誠身,必先明善也。若非「知」,則「仁」亦一人之「仁」耳。

※ 張　岱

《大學》《中庸》都是經世致用的經典，所説的斷然不是虛妄的。

原文：

《學》《庸》俱經世之書，其言斷乎不妄。

※ 袁七澤

「真誠」蘊含於事物之中，就像佛家所説的空性蘊含在事物的形態中，又如春天蘊含在花草樹木中，既摸不到它的形狀，也找不到它的蹤跡。人們説它是沒有的，卻不知實體的存在都是依賴「真誠」的力量。沒有「真誠」，也就沒有萬物。就如沒有空性，各種形態怎能顯現？如果沒有春天，萬物怎能生長發育？

原文：

袁七澤曰：「誠」之在物，如空在諸相中，春在花木裏，搏之無形，覓之無跡。人謂其無，而不知實有者，皆仗「誠」力。無「誠」，無物矣。譬如無空，安能發揮諸相？非春，安能生育萬物？

※ 許敬庵

誠，是自我成就；道，就是自我引導。總歸都是自己的責任。然而有自己就一定有外物，外物都是由自己一念至誠所統一。所以「真誠，貫穿於萬物的始終，沒有真誠就沒有萬物」。

就像君臣、父子、夫婦、兄弟、朋友之間的關係，一旦不真誠，就會相互產生隔閡，這就是「沒有真誠就沒有萬物」的意思。因此，「真誠」成就自己的方法，和成就萬物是一致的。

原文：

　　許敬庵曰：誠自成，而道自道，總是責成於己。然有己必有物，而物皆統於吾之一誠，故曰：「誠者，物之終始，不誠無物。」如君臣、父子、夫婦、兄弟、朋友之間，一有不誠，便皆乖隔，此「不誠無物」也。故「誠」所以成己，即所以成物。

※ 鄧定宇

　　「合」字，是融會貫通的意思。「將內心與外物融會貫通」，就是說沒有內外的分別。不說「合內外」，而說做「合外內」，是和合天下萬物於一體，如那些飛禽走獸、潛龍游魚及所有的動植物，和合於自身的血氣和心智；外物的生長及收成，和合於自身的感覺和運動。如果沒有外物相和合，那麼也就無所謂內了。這並不是故意把內外合在一起來說的話頭兒。

原文：

　　鄧定宇曰：「合」者，渾合之謂。「合外內」，猶云無外無內。不曰「合內外」，而曰「合外內」，蓋合外之飛潛動植，乃為內之血氣心知；合外之生長收成，乃為內之知覺運動。不合外，原無所謂內也。不是合內外而為言的話頭。

無息章

故至誠無息。不息則久，久則徵，徵則悠遠，悠遠則博厚，博厚則高明。博厚所以載物也，高明所以覆物也，悠久所以成物也。博厚配地，高明配天，悠久無疆。如此者，不見而章，不動而變，無為而成。

天地之道可一言而盡也。其為物不貳，則其生物不測。天地之道：博也，厚也，高也，明也，悠也，久也。今夫天，斯昭昭之多，及其無窮也，日月星辰繫焉，萬物覆焉。今夫地，一撮土之多，及其廣厚，載華嶽而不重，振河海而不泄，萬物載焉。今夫山，一卷石之多，及其廣大，草木生之，禽獸居之，寶藏興焉。今夫水，一勺之多，及其不測，黿鼉、蛟龍、魚鱉生焉，貨財殖焉。

《詩》云：「維天之命，於穆不已。」蓋曰天之所以為天也。「於乎不顯，文王之德之純！」蓋曰文王之所以為文也，純亦不已。

＊ 譯文：

　　至誠在成就自己、成就萬物的作用是永不停息的。不停息就會保持長久，保持長久就會顯現出來，顯現出來就會持久綿長，持久綿長就會廣博深厚，廣博深厚就會高大光明。廣博深厚就能承載萬物，高大光明就能覆蓋萬物，悠遠長久就能生成萬物。廣博深厚就像大地，高大光明就像高天，悠遠長久則是永無止境。達到這樣的境界，至誠無需顯示也會彰顯，無需運動事物就會改變，無所作為就會有所成就。

　　天地之道，可以用一個「誠」字來概括：天地並不是兩回事，所以生長萬物多得不可估量。天地之道，就是廣博、深厚、高大、光明、悠遠、長久。這個天，不過是由一點點的光明聚積起來的，可等到它無邊無際時，日月星辰都靠它維繫，世界萬物都靠它覆蓋。這個地，不過是由一撮撮的泥土聚積起來的，可等到它廣博深厚時，承載像華山那樣的崇山峻嶺也不覺得重，容納眾多的江河湖海也不會泄漏，世間萬物都由它承載了。這個山，不過是由拳頭大的石塊聚積起來的，可等到它高大無比時，草木在上面生長，禽獸在上面棲息，寶藏在裏面儲藏。這個水，不過是由一勺勺聚積起來的，可等到它浩瀚無涯時，黿鼉、蛟龍、魚鱉等都在裏面生長，貴重的珍珠珊瑚等都在裏面繁殖。

　　《詩經,周頌,維天之命》中說：「是那上天天命所歸，多麼莊嚴啊沒有止息！」大概是說天之所以為天的原因吧。「多麼莊嚴啊光輝顯耀，文王的品德純正無比！」大概是說文王之所以被稱為「文」的原因吧，他的純正是精進不已的。

※ 張　岱

> 這裏不直接說「天地是一樣的」，而是說「天地並不是兩回事兒」。「不是兩回事」與「一樣」的意思相差很大，所以解讀時不可以「一」來代替「不二」。

原文：

> 不曰「天地之道一也」，而曰「為物不二」。「不二」與「一」相去甚遠，解者不當以「一」代「不二」。

※ 鄒肇敏

　　二是「一」產生的。只要有了一，義理就會消隱而生出數。「不二」內涵豐富，不能用「一」來簡單概括。只要一探討「一」，就有一陽一陰，奇偶相配，偶數出盡就是奇數，這才是「不二」的意思。

原文：

> 鄒肇敏云：二從一生也。既有一，即理隱而數出，「不二」非可以「一」喻也。才言一，即耦去而奇存，此方是「不二」。

※ 張　岱

> 「博厚、高明、悠久」六個字，是指人的至誠外化於大千世界的作用，不能說人與天地同樣都有這些體性。聖人與天地共同的體性是至誠，而不是博厚、高明、悠久這些特徵。

原文：

　「博厚」六字是功用，不可云同體。聖人與天地同體在至誠，不在博厚、高明、悠久。

※ 韓求仲

　「博厚」等六個字反覆出現、重點強調，事實上是指至誠的外在作用，也指出天地也具有同樣的德性。六個「也」字意義重大，值得細細品味。

原文：

　韓求仲云：「博厚」等字面上俱再見，此不過點出天地亦如是耳。試味六「也」字。

※ 張　岱

　老子在《道德經》第二十五章說：「有一種姑且稱之為物的，混混沌沌、無邊無際、無象無形、渾然一體，早在開天闢地之前就已經存在。」《周易・繫辭下》中說：「天地間陰陽二氣絞纏不清，跟一團亂麻、一團軟乎的棉絮一樣。」《周易・繫辭上》又說：「由陰而陽或由陽而陰，如此循環往復直至無窮，這就是生成天地萬物的路徑，可以稱之為道。」這些叫做「物」「天地」「道」的，並非由一個陰生，也並非由一個陽生，不說是有一種「物」混混沌沌、渾然一體，又能怎樣說好呢？這就是所謂的不二。

原文：

　老子曰：「有物混成。」《易》曰：「天地氤氳。」又曰：「一

陰一陽之謂道。」不一於陰，不一於陽，非有物混成而何？所謂不二也。

※ 楊復所

這裏說，天雖然高大光明，卻是由一點點的光明聚積起來的；地雖然廣博深厚，卻是由一撮撮的泥土聚積起來的；山雖然高大無比，卻是由拳頭大的石塊聚積起來的；水雖然浩瀚無涯，卻是由一勺勺聚積起來的。通過天地山川的形成講述了一個道理，事物都是從小到大累積而成的。一個人要達到至誠的境界，也應該是這樣積小成大吧？

原文：

楊復所云：此言天之高明，本生昭昭；地之博厚，不越撮土；山之廣大，本起卷石；水之不測，由於一勺。言天地山川，積小致大。為至誠者亦如此乎？

※ 張　岱

至誠與天地一樣，就像天地有了動靜交替而產生萬物，人的自身也因為動靜交替而逐步完成至誠本性的鍛造；因為有了像春夏秋冬一樣的變化，而使至誠的運用從無間斷。就像奇妙的震、巽、坎、離、艮、兌六個卦象，陰陽交替，自然流轉，使至誠的修養像日夜一樣沒有停息。

原文：

雖分動靜而物本混成，居有貞元而運無間斷。妙六子以無端，通晝夜而不息。

※ 周海門

「不顯」與「於穆」，都是說明聖人和天地莊嚴而又光輝顯耀、崇高而又永不停息的意思，難道說「不顯」有什麼不妥嗎？

原文：

周海門曰：「不顯」與「於穆」同謂之，豈「不顯」者非也？

※ 張侗初

天地不是兩回事，可以在生成山河大地、日月星辰、草木蟲魚中體現出來，這些東西天天在生成，無窮無盡，也正體現了天地的生成變化從沒有停息。如果將天地「於穆」的表象當成生生不息，那麼生機活力就寂滅了。至誠才是生生不息的，顯現為博厚、高明和悠久。萬物變化不已，是至誠之性從不停息的外在顯現。如果將「不顯」看成是生生不息，那麼至誠無所不在的神妙作用就會被掩蓋了。人的喜怒哀樂之「發」，也就是「未發」，因此充分發揮人性，就是充分發揮物性；成就萬物，就是成就自己。一直以來，本體無不是通過發生作用才體現的。這就是《中庸》之所以被人們認為把天命之性講得最好的原因。

原文：

張侗初曰：天地不二，見之於河嶽、日星、昆蟲、草木，日發生而無盡者，天地之不已也。若以「於穆」為不已，則天地之生機寂矣。至誠不息，見之於博厚、高明、悠久，變化而無窮者，至誠之不已也。若以「不顯」為不已，則至誠之妙用掩矣。蓋發，乃是未發，盡人性，乃是盡物性，成物，乃為自成。從來本體，未有不見之作用者。此《中庸》之所為善言天命之性也。

大哉章

原典

　大哉！聖人之道。洋洋乎發育萬物，峻極於天。優優大哉！禮儀三百，威儀三千，待其人而後行。故曰苟不至德，至道不凝焉。故君子尊德性而道問學，致廣大而盡精微，極高明而道中庸。溫故而知新，敦厚以崇禮。是故居上不驕，為下不倍。國有道，其言足以興；國無道，其默足以容。《詩》曰：「既明且哲，以保其身。」其此之謂與？

＊ 譯文：

　　聖人之道，真是太博大了！它滋育萬物，廣闊無際，高大到可以通達上天。它充足有餘，包含的「禮」非常全面和細緻，總綱有三百條之多，細目有三千多條，等待聖賢君子出現而實施。因此說：「如果不具有最高的德行修養，最高的大道便不能融會貫通。」因此，君子既要重視內在的品德，又要講求學問；既要致力於達到廣博深厚的境界，又要盡心鑽研事物的精微之處；既要致力於達到高大光明的境界，又要使行為合於中庸之道。既要熟悉舊的知識，又要不斷認識

新的事物；既要篤實厚道，又要嫻習禮儀。只有這樣，才能處在上位而不驕橫失禮，處在下位而不違逆抗拒。當國家有道的時候，他的言行足以使國家興盛；在國家無道的時候，他默默而行足以容身。《詩經・大雅・烝民》中說：「既能明德又知變，據此保全我之身。」大概說的就是這個道理吧？

朋友圈縱橫談

※ 管登之

本章所說的「發育」，就是陶冶的意思。萬物蒙昧未開化的時候，就去開啟引導，叫做「發」；初步開發以後，再加以培養，就叫做「育」。

原文：

管登之曰：「發育」，陶冶之意。蒙昧而開導之，曰「發」；既開而培養之，曰「育」。

※ 朱　熹

發育就是春天播種、夏天成長、秋天收成、冬天儲藏的過程，這本身已經是聖人之道。難不成還要聖人親自去發育它，才算聖人之道麼？

原文：

朱子曰：發育，則春生、夏長、秋收、冬藏，便是聖人之道。不成須要聖人發育？

※ 韓求仲

《中庸》這本書原來是《禮記》中的一部分，從講述個人要做到「戒慎」「恐懼」，培養優良的品德，到最後修養到處處合乎中道，喜怒哀樂未發之時，處於「中」的狀態，發而皆中節之「和」的狀態；這樣，就把中和的道理全面普及，促進天地萬物各安其所，各遂其生。這裏是溯本探源，並由此概括其變化。

原文：

韓求仲曰：《中庸》一書原屬《禮記》，自戒慎而直至中和位育，特究其原而盡其變耳。

※ 張　岱

世間維護陸九淵的學人，往往說「我主張尊德性」，維護朱熹的，又往往說「我主張道問學」。這就像以前有兩兄弟分家，將所有的家具如桌椅之類的，通通劈成兩半而平分，這樣分劈看上去很公平，但兩家卻都沒辦法用了。這不是太可惜了嗎？

原文：

世為陸象山者，則曰「我尊德性」；為朱晦庵者，則曰「我道問學」。昔有兄弟兩分其遺貲，諸凡桌椅之屬，悉中裂而半破之。雖曰無不均之歎，兩不適於用矣，豈不惜哉！

※ 張侗初

使四面八方都受到影響而廣泛響應，叫做「興」；隱居起來，不為世人知曉卻不會後悔，叫做「默」。

原文：

張侗初曰：四方風動謂之興，遁世不悔謂之默。

※ 張　岱

本章開頭，不稱讚聖人之道為「大哉道」，而說成「大哉！聖人之道」，就是為「待其人而後行」這句話埋下的伏筆。

原文：

不贊「大哉道」，而曰「大哉！聖人之道」，便為待其人句作張本矣。

自用章

原典

　　子曰：「愚而好自用，賤而好自專；生乎今之世，反古之道。如此者，災及其身者也。」非天子，不議禮，不制度，不考文。今天下車同軌，書同文，行同倫。雖有其位，苟無其德，不敢作禮樂焉；雖有其德，苟無其位，亦不敢作禮樂焉。子曰：「吾說夏禮，杞不足徵也。吾學殷禮，有宋存焉。吾學周禮，今用之，吾從周。」

＊　譯文：

　　孔子說：「如果一個人心智愚昧卻喜歡憑主觀意願行事，地位卑賤卻喜歡獨斷專行；如果他生於當代，卻想實行古代的做法。這樣做，災禍一定會降臨到他的身上。」不是天子就不要議訂禮制，不要制定法律，不要考訂文字規範。現在全天下車子輪距一致，文字統一，倫理道德相同。雖有相應的地位，如果沒有相應的德行，是不敢制定禮樂制度的；雖有相應的德行，如果沒有相應的地位，也是不敢制定禮樂制度的。孔子說：「我談論夏朝的禮制，可是夏朝的後裔杞國已

不足以驗證它；我學習殷朝的禮制，殷朝的後裔宋國還殘存一些；我學習周朝的禮制，現在還實行着它，所以我遵從周禮。」

朋友圈縱橫談

※ 張　岱

　　孔子傳承歷代的禮制，對夏朝的禮制只是説「我談論」而已，對周朝的禮制説是「學習」，對商朝的禮制也説是「學習」，是因為周朝和商朝的禮儀制度，在現實生活中還存在。

　　但是，孔子對「殷朝的後裔宋國還殘存一些它的禮制」，只是學而沒有傳承，正是說明他沒有違反原則，因為這些殘存的殷朝禮制，本身已經不清楚了。

原文：

　　夏禮只言「吾説」，周禮言「學」，殷禮亦曰「學」，有存焉故也。「有宋存焉」而不從，正見不倍，從來瞶瞶。

※ 張　岱

　　這一章同時講到德業、名位和時機的問題，當然不僅僅是為處在下位的人而講的，它的主要旨趣是推重孔夫子傳承周禮的意思。人們大概只知道，有地位而沒有德業的人是不能議訂禮制的；卻不知道有德業卻沒有地位的人，也同樣是不能議訂禮制的。因此，這個「亦」字須細細地品味。所以，孔夫子尊

崇並傳播周禮，就是與時俱進。時機恰當，也就是中庸之道的體現。假如由孔夫子來修訂前朝的器物典制，除了改革君主的禮帽之外，難道就沒有別的改變了嗎？

何如寵（字康侯）認為孔子編撰《春秋》一書時，採用「春王正月」的紀年表述方法，是沿襲夏朝時期的曆法制度，那就是沒有真正理解這一章的意旨。

原文：

此章並陳德、位、時，固不止為在下言也，而大意則歸重於夫子從周之意。蓋人知有位無德之不可作，而不知有德無位之亦不可作。「亦」字須玩。故夫子之從周，所以從時也。時之所在即中庸矣。向令夫子改物，而王冕之外，豈無損益乎？而康侯以春王正月謂夫子行夏之時，則亦未達於此章之旨矣！

三重章

原典

　　王天下有三重焉，其寡過矣乎。上焉者雖善無徵，無徵不信，不信，民弗從。下焉者雖善不尊，不尊不信，不信，民弗從。

　　故君子之道，本諸身，徵諸庶民，考諸三王而不繆，建諸天地而不悖，質諸鬼神而無疑，百世以俟聖人而不惑。質諸鬼神而無疑，知天也；百世以俟聖人而不惑，知人也。是故君子動而世為天下道，行而世為天下法，言而世為天下則。遠之則有望，近之則不厭。《詩》曰：「在彼無惡，在此無射，庶幾夙夜，以永終譽。」君子未有不如此而蚤有譽於天下者也。

＊　譯文：

　　治理天下能做好禮儀、法度、文字規範這三件重要的事，也就沒有大的過失了吧！前代君主制定的禮制雖然好，但已經無所考證；沒有考證，就不能使人相信；不能使人相信，百姓就不會服從。不在其位的君子，政治主張雖然好，但卻沒有尊崇的地位；沒有尊崇的地位，就不能使人相信；

不能使人相信，百姓也不會服從。

因此君子之道，最根本就要從自身做起，用自己的行動使百姓信任；考證於夏商周三代先王的禮制沒有差錯，把它在天地之間加以實施沒有什麼悖謬，質證於鬼神沒有疑問，等到百世以後聖人出現了也不會感到迷惑。質證於鬼神沒有疑問，這表明懂得了天道；等到百世以後聖人出現了也不會感到迷惑，這表明懂得了人道。因此，君子的舉動能世世代代成為天下的規範，他的行為能世世代代成為天下的法度，他的言談能世世代代成為天下的準則。無論遠處還是近處的人，都會仰慕他，而不會厭煩他。

《詩經‧周頌‧振鷺》中說：「在那裏沒有人憎惡，在這裏沒有人厭煩，日日夜夜操勞啊，永遠保持好名望。」君子的修養沒有達到這個程度，要想早早在天下萬古留名，是不可能的。

朋友圈縱橫談

※ 湯霍林

君子在議訂禮儀、制定法度、考訂文字規範之前，自身已經對禮儀、法度、文字規範都成竹在胸了，因此下文說「治國之道，應從自身做起」，如果泛泛而說，就會混亂。

原文：

湯霍林曰：未議、未制、未考之前，已通身是禮、是度、是文，故曰「本諸身」，泛說便混。

※ 宋羽皇

前代的禮制雖然好，但已經無所引證，就像一個人的前生前世一樣，是過去身；不在其位的君子政治主張雖然好，但卻沒有尊崇的地位，就像一個人的來生來世一樣，是未來身；這個稱為「本諸身」的，就像一個人的今生今世這個直接維持生命的自身，雖然是說德行，但應有的時機和地位已經具足了。

原文：

宋羽皇曰：無徵之身，過去身也；不尊之身，未來身也。曰「本諸身」，便知其為現在持世之身矣，言德而時、位已寓。

※ 項仲昭

本章中講到「徵諸庶民，考諸三王而不繆」等字句，是講明無論是禮制、法度還是文字規範，是說得到印證，而不是說用一個既定的效果來驗證。在「我」用實際行動來使百姓信任這句話下面，為什麼獨獨沒有說「不繆」「不悖」，是因為百姓的信任服從，雖然可以看得到，但卻不可以當作依賴。

原文：

項仲昭云：題內「徵諸」「考諸」等字，是說印證，不是說效驗。而徵諸庶民句下，獨無「不繆」「不悖」字樣，蓋民心之信從，可察而不可恃也。

「需要用百世的時間，來等待聖人的出現」，是說後世又出現了聖人，一定會繼續弘揚君子之道；又如說後世又出現了聖王，也一定會繼續效法。這些一定要由自身做起，而不是說一定要等百世之後。「不惑」的意思，是我作為君子之道的傳承者，有充足的自信，相信此道一定會得到弘揚和效法，因此本章不說是「等到百世之後」，而是說「要在百世之間」，等待聖人的出現。

原文：

「百世以俟」，猶云聖人復起，必從吾言矣。猶云有王者起，必來取法耳。此必之我，非必之百世以後也。「不惑」，乃我自信其必然耳，故本題不曰「俟百世」，而曰「百世以俟」。

大多普通人只見到有天地，卻見不到有鬼神，因此對於鬼神的疑惑超過了天地。他們每天只聽說夏商周三代的君主，卻沒聽說百世之後會有聖人的出現，因此對百世聖人的疑惑超過了三代的君主。那些懂得天道、人道的君子，不能只述說鬼神和百世聖人，而要把「考諸、建諸」這四句話完整地說明。

原文：

凡人終見天地，不見鬼神，故疑鬼神甚於天地。終日聞三王，不聞百世聖人，故惑百世聖人甚於三王。言知天知人者，不得但言鬼神百世，總上四句之義也。

「遠之則有望，近之則不厭」中的「遠之」「近之」，是形容君子之道的極妙，它使人無論何時何地都能產生親切感；絕不是講地域上的遠處和近處。這好像是欣賞天生麗質的絕代美女，無論從哪個角度，從遠處近處欣賞都是美的。

原文：

「遠之」「近之」，是形容道妙語，令人隨在皆親；以遠近分地域者非也。如視絕代佳人，遠近皆佳。

祖述章

原典

仲尼祖述堯舜，憲章文武，上律天時，下襲水土。辟如天地之無不持載，無不覆幬，辟如四時之錯行，如日月之代明。萬物並育而不相害，道並行而不相悖。小德川流，大德敦化。此天地之所以為大也。

※ 譯文：

　　孔子遠述唐堯虞舜的傳統之道，近效文王武王的制度，向上順應天時，向下遵循適應生活的環境，好像大地一樣承載一切，又像天空一樣覆蓋一切，好像四季有序運行，又像日月交替照耀。世間萬物同時生長而不互相傷害，很多道路同時存在而不互相障礙。孔子小的德行如河水一樣長流不息，大的德行如高山一樣化生萬物，這便是他與天地一樣偉大的原因。

朋友圈縱橫談

※ 張　岱

　　品讀《尚書·堯典》這篇文章，堯帝命令羲氏與和氏，敬慎地遵循天數，推算日月星辰運行的規律，制定出曆法，這就是堯帝的「上律」。《堯典》中說：「命令羲仲，住在東方的暘谷，恭敬地迎接日出」，「命令和仲，住在西方的昧谷，恭敬地送別落日」，等等這些語言，就是「上律」的實際應用。《堯典》還說：「辨別測定太陽東升的時刻」，「辨別測定太陽西落的時刻」，等等這些語言，就是「下襲」的意思。《禮記·月令》這篇文章中，也可以找到與《堯典》類似的記載。孔子雖沒有取得帝王的地位，但他已做到把天地變化涵蓋而不過，周遍成就萬物而善為裁節調理，與取得了地位的人也沒有什麼區別。

原文：

　　讀《堯典》一篇，曆象日月星辰，便是堯之「上律」。其曰：「寅賓出日」「餞納日」等語即是「上律」意。其曰：「平秩東作」，「西成」等語，即是「下襲」意。《月令》亦然。仲尼雖不得位，然其範圍裁成，與得位者一也。

※ 張　岱

　　「下襲水土」要與「上律天時」結合在一起來說。在五行之中，第一是水，第二個是土，水與土原來是相生相克的，由此而循環往復直至無窮。「下襲水土」的意思，是告訴人們要遵循自然規律，並非僅僅是「智者樂水、仁者樂山」，物我感通那些。

原文：

「水土」仍合「天時」說。五行，一曰水，五曰土，原相生相克，循環無端。「下襲」者，正與時消息處，非僅樂山樂水之見。

※ 項仲昭

春夏秋冬的四時變化，叫做「錯」，即交錯；日月輪替照耀，叫做「代」，即代換。這個「代」字的意思，非常容易理解。一年四季有次序地變化，為什麼說是「交錯」呢？因為無論任何一時的「交替」，都是具足了一年四季的陰陽之氣的。

原文：

項仲昭曰：四為錯，二為代。代字易明。若四時順序，何得言錯？錯者一時而備四時之氣者也。

※ 馬君常

心中所想一直是孔子，但是結尾處卻又說到天地的偉大，看起來有些唐突，實際上卻指出了孔子像天地一樣能化成萬物。如果末句再重複說孔子，就是畫蛇添足了。

原文：

馬君常曰：胸中想着仲尼，口裏忽說天地。此中便有圓滿化工。若於末句復添仲尼，便蛇足矣。

※ 張　岱

　　「萬物並育而不相害，道並行而不相悖」這兩句話，是從形而上的事理來說的。如果放在形而下的事相來說，虎狼要吞噬獵物，鷹隼要搏擊走獸，萬物既然同時存在，哪裏會互不傷害呢？只有從本質上來說，萬物同樣存在於天地之間，也同樣地受到天地的化育，不侵害也不爭奪。就如在一個室內，點燃了一千盞燈，燈與燈之間的光線不相妨礙，每一盞燈的光都是遍照於室內的。就像寒冷與酷暑並不相衝突，因此陰氣才能夠形成於烈日之下；暑熱與寒冬也不相衝突，因此陽氣才能夠從深土回復。寒冷與暑熱並行而不相障礙，也是它們的陰陽之氣能自動地此消彼長。從中看出，寒冬和暑夏往復出現，並沒有徹底的生與滅。

原文：

　　「並育」二句亦就道理說。若作形體上說，則虎狼之吞噬，鷹隼之搏擊，萬物之生，焉不得害？惟以萬物之性說，則同此天地，亦同此天地之育，不侵不奪。譬如一室千燈，其光必遍。寒不悖暑，故陰氣生於烈日之中；暑不悖寒，故陽氣回於重泉之下。並行不相悖，亦其氣自相乘除。寒暑之道，未嘗有生滅也。

※ 袁了凡

　　「流」字，就是流淌的意思。聖人的德行如河水一樣長流不息，遍及千河萬流，每一滴都可以品嘗到水的完整味道。「化」字，就是融合的意思。敦化，就像一個巨大的熔爐，將金釵、

銀釧、鐵環、銅鐘各式各樣的金屬，全部熔化變成了一體。一體以包含多種金屬成分的形態出現，但把它分開檢驗，又可以發現其中的多種成分。多種的金屬成分熔為一體，多種成分卻並不妨礙其為一體。

原文：

　　袁了凡曰：流者，出也。川流者如水，分於萬川，滴滴各全水味也。化者，融也。敦化者，如大爐火，釵釧環鐘，無不融化而歸一也。一隨萬而出，則縷縷分析而不窮。萬得一而融，則重重攝入而無礙。

至聖章

唯天下至聖，為能聰明睿知，足以有臨也；寬裕溫柔，足以有容也；發強剛毅，足以有執也；齊莊中正，足以有敬也；文理密察，足以有別也。溥博淵泉，而時出之。溥博如天，淵泉如淵。見而民莫不敬，言而民莫不信，行而民莫不說。是以聲名洋溢乎中國，施及蠻貊。舟車所至，人力所通，天之所覆，地之所載，日月所照，霜露所隊，凡有血氣者，莫不尊親。故曰配天。

✳ 譯文：

　　唯有天下通達大道的聖人，能夠明察事理、見識卓越，足以君臨天下；他能夠度量寬宏、溫文爾雅，足以海納百川、眾望所歸；他奮發強健、果斷剛毅，足以保持正道、始終如一；因為他平等端莊、守中執正，足以保持初心、虛懷若谷；他文理周密、洞悉時事，足以明辨是非、明察秋毫。他的智慧如源泉一樣無窮無盡，如潭淵一樣深不見底，隨時隨地在內心迸發出來；他的德行如蒼天一樣廣博遠大，如深淵一樣不可估量。他一出現，民眾沒有不尊敬的；他的言論，民眾

沒有不相信的;他一行動,民眾沒有不喜悅的。正因為這樣,他的聲望傳遍了九州四海,恩德施及於邊遠之地。凡是舟車到達的地方,人的能力所通行的地方,天空所遮覆的地方,大地所承載的地方,日月所照臨的地方,霜露所降落的地方,凡有靈氣的眾生萬物,沒有人不尊敬親愛他。所以說,聖人的美德與天地匹配、日月齊輝。

朋友圈縱橫談

※ 張侗初

天地元氣,雖然含藏在萬物裏面,但一年四時少不了它;聖人的醇厚德性,雖深藏在自心,但五種品德渾然具足。到了春天的時間春天就會到來,到了秋天的時間秋天就會到來,這是因為含藏到了極限,就會自然生發了。聖人在該行仁的時候,就履行仁德;該行義的時候,就勇於踐履道義;這是因為寧靜到了極限,就會悄無聲息地流溢了。人們所說的「喜怒哀樂之未發」,這個「未發」的臨界點,就是最恰當的時機,因此稱之為「合乎時機而自然發出」,因為這是從根源發生的力量吧。

原文:

張侗初曰:元氣雖含藏,故四時必備。聖性雖深靜,故五德俱全。當春而春,當秋而秋,藏極而發也。時仁則仁,時義則義,靜極而生也。所謂未發之中,其中也時,故曰「時出」,蓋從淵泉發根也。

※ 張 岱

在第二十六章中說到「高明配天」，這裏詳細地說明為什麼能夠「配」，因此用「故曰」。然而細細品味「故曰」兩個字，從中可以看出，聖人之所以可以「配天」，實際上只是他自己的分內之事而已。

原文：

上章曰「高明配天」，而此則詳其所以「配」，故用「故曰」字。然玩「故曰」二字，可見到「配天」地位，只是至聖本分內事。

※ 張 岱

聖人孜孜以求，窮盡天地和人事；聖人所到之處，百姓無不被感化而永遠受其影響。他能使有情的芸芸眾生，不會躲避而想盡辦法去親近。無知無覺的蟲魚鳥獸，冷天懂得蟄伏而熱天曉得出來活動，都是由一點靈心所化育出的，哪一個不是由本性生成的呢？就像流水奔騰不息，而江河卻並沒有動；又像各種聲音一齊響起，而發出聲音的東西卻寂然無聲。天地造化萬物，其豐功偉績無法形容，萬物本性神妙，無法言説。

原文：

窮天際地，過化存神，有情之族屬，惡知避而欲知趣。無覺之昆蟲，寒必潛，而燠必出，並在靈心化育，誰非性量生成？如眾沫競注，而江河不流；似萬籟紛吹，而橐籥自寂。天功莫喻，性妙難言。

經綸章

唯天下至誠，為能經綸天下之大經，立天下之大本，知天地之化育。夫焉有所倚？肫肫其仁，淵淵其淵，浩浩其天。苟不固聰明聖知達天德者，其孰能知之？

＊ 譯文：

　　只有天下真誠到極致的人，才能成為治理天下的崇高典範，才能樹立天下的根本法則，掌握天地化育萬物的深刻道理，這需要什麼依據呢！他的仁愛真摯而誠懇，他的思想像潭水一樣深，他的美德像天一樣高。如果不是耳聰目明聖哲和有德行的人，誰能夠知道他的偉大呢？

朋友圈縱橫談

※ 張　岱

　　我曾經討論過，這一章的表述順序與第一章剛好相反。第

一章從「天性」即上天賦予人的善良本性開講，繼而講述「人道」，即人們依此天性發展並擇善而行，最後落腳點在於「教化」，即秉承天性，依照人道，開展教化；整個邏輯關係，是順着從天道向下講述到人道。這一章，卻先講人如何治理天下的「經綸」，再到樹立「人道」的基本法則，最後以「化育」天地萬物為歸宿，是逆着從人道向上講到天道。這恰恰闡明中庸之道的最大功德，從天而人，再從人而天，一切都是最完美的。

原文：

　　嘗論此節與首章相反，首章「性」「道」「教」，順，從天說到人；此節「經綸」「立本」「化育」，逆，從人說到天。此中庸之極功也。

※ 張　岱

　　「這需要什麼依據呢」，正是第一章「致中和」的功德，如果人們能真正履行中庸之道，做到既「中」又「和」，那麼還需要依據什麼呢？如果有所依據，就不能稱之為「中和」了。「肫肫其仁，淵淵其淵，浩浩其天」三句話，就是在讚美不需要依據的妙處，也就是說，有了美好的仁心、幽深的智慧、廣博的美德，是不需要依據什麼了。就如治理天下，依然存在君臣、父子、夫婦、兄弟和朋友之間的倫理道德。有了「中和」而不需要依據什麼，只呈現出一種來自天性的和氣友愛，這豈不是「肫肫其仁 —— 他的仁心是那樣誠摯」的體現嗎？下面「淵淵其淵，浩浩其天」兩句與此一樣。

這裏要留意，「淵淵其淵，浩浩其天」與上一章「溥博如天，淵泉如淵」的內涵是不同的。上一章是實指，因此用「如」字表達。這一章「天淵」是假借來的，與「仁」字的道理是一樣的，因此只可以說是「其」而不能說是「如」。二者只是虛與實不同，並沒有什麼優等劣等之分。

原文：

「夫焉有所倚」，政是首章「致中」之功，何倚之有？倚則不名為中矣。「肫肫」三語，是申贊其無倚之妙。如經綸大經，尚存君臣父子等倫。無倚，則忠孝友恭等字俱不倚着，止見其一團天性之和藹，豈不是「肫肫其仁」？下二句仿此。

「其天其淵」與上「如天如淵」不同。上「天淵」以實言，故着「如」字；此「天淵」是借來的空字，與「仁」字一般，故言「其」而不言「如」，非有優劣也。

※ 張　岱

講述聖人之道，用「仁」字來形容他的至誠專一，用「淵」字來形容他的明淨幽深，用「天」字來形容他的廣博遠大，再加上「肫肫」「淵淵」「浩浩」，正是來形容「仁心」「智慧」「美德」的神妙之處，並非另外還有什麼「小仁」「小智」「小德」！

原文：

「仁」以言其精，「淵」以言其深，「天」以言其大，而加「肫肫」「淵淵」「浩浩」，政以狀「仁」「淵」「天」之妙，非更有小仁、小淵、小天也。

※ 馬巽倩

　　就像混沌初開，天地確定了上下位置，體現在卦象上，「乾上坤下」就是「天地否」，天地隔閡不能交感，萬物閉塞；「乾下坤上」就是「地天泰」，天地上下互通。所以這兒就少不了「綸」的作用。漢唐宋歷朝以來，中庸一直講不明白，就是因為不知道重視這個「綸」字。

原文：

　　馬巽倩云：只如乾坤定位經也，至乾上坤下而否，乾下坤上而泰。此處便少「綸」字不得矣。漢唐宋大經不明，正坐不知「綸」字耳。

※ 張　岱

　　聖人聰明睿智，無所不通，專門加了「固」字做限定詞，說明聖人不是依靠聰明睿智的。不依據聰明睿智，然後能夠達到上天的德性。「固」字、有約束身心、謙虛含藏的意思，與下一章「絅」字「暗」字的意思相近，總能讓人體味到不需要倚仗什麼，而能達到天德境界的神妙之處。

原文：

　　聰明聖知，下一「固」字，便不是倚聰明倚聖知。不倚聰明聖知，然後能達天德。「固」字有收斂發藏之意，與下「絅」字、「暗」字相近，總見無倚之妙。

尚綱章

　　《詩》曰：「衣錦尚絅。」惡其文之著也。故君子之道，暗然而日章；小人之道，的然而日亡。君子之道，淡而不厭，簡而文，溫而理，知遠之近，知風之自，知微之顯，可與入德矣。《詩》云：「潛雖伏矣，亦孔之昭。」故君子內省不疚，無惡於志。君子所不可及者，其唯人之所不見乎！《詩》云：「相在爾室，尚不愧於屋漏。」故君子不動而敬，不言而信。《詩》曰：「奏假無言，時靡有爭。」是故君子不賞而民勸，不怒而民威於鈇鉞。《詩》曰：「不顯惟德，百辟其刑之。」是故君子篤恭而天下平。《詩》云：「予懷明德，不大聲以色。」子曰：「聲色之於以化民，末也。《詩》曰：『德輶如毛。』毛猶有倫。『上天之載，無聲無臭。』至矣！

＊　譯文：

　　《詩經・衛風・碩人》中說：「婦女錦衣紋巧繡，外面罩上粗麻衣。」就是嫌花紋太顯露了。用此來說明君子之道應

韜光養晦，深藏不露，日久就會彰顯它的光芒；如果內蘊膚淺，雖然外表引人注目，但很快就會日益消亡。君子為人之道，外表素淡卻不使人厭惡，簡樸而有文采，溫和而又有條理，知道遠是從近開始的，知道教化別人是從自己做起的，知道隱微的東西是從顯著的地方開始的，這樣就進入聖人的道德境界了。《詩經·小雅·正月》中說：「魚雖潛藏於深水，依然清晰而可見。」因此，君子只求內省時無愧於心，心中沒有不善的念頭。君子之所以德行高於普通人，讓人覺得趕不上，正是在這種別人看不見的地方。《詩經·大雅·抑》中說：「看你單獨處室內，做事無愧於神明。」因此，君子就是不做事，心裏也是恭敬的；就是不說話，內心也是誠實的。《詩經·商頌·烈祖》中說：「默默無聲地祈禱，現在不再有紛爭。」因此，君子不獎賞而百姓自會努力，不發怒而百姓也會畏懼。《詩經·周頌·烈文》中說：「美好德性須弘揚，諸侯百官來效法。」因此，君子敦厚恭敬，天下才會太平。《詩經·大雅·皇矣》中說：「德業崇高真君子，聲色俱厲是小人。」孔子說：「用疾聲厲色去教化百姓，是本末倒置了。」《詩經·大雅·烝民》中說：「德行教化老百姓，治國易如舉鴻毛。」鴻毛雖輕卻條理分明，治國理政值得效法。《詩經·大雅·文王》中說「一根鴻毛都有條理行跡可以類比，然而上天發育萬物，其道無聲也無味」，這才是最高境界啊！

朋友圈縱橫談

※ 湯宣城

　　君子之道和小人之道，即是上面所說的君子之中庸和小人

之中庸。小人也有自己所謂的「大道」和自己所謂的「中庸」，但與君子是不同的。

原文：

> 湯宣城云：君子之道，小人之道，即上面君子之中庸，小人之中庸也。小人亦自有道，亦自有中庸，其途各別。

※ 張侗初

鼻子時時呼吸，卻似忘記了氣息的存在；舌頭時時嘗味，卻似忘記了味道的存在；聖人時時簡樸，卻似忘記了平淡的存在。各種氣味有衰減的時候，但是氣息卻不會衰減；各種味道有消失的時候，但是水卻不會消失。因此說：「聖人外表素淡卻不使人厭惡。」高尚的人非常珍惜「平淡是真」，因為平淡是生命的精氣。就像古時祭禮用清水代替玄酒，雖沒有味道卻意義深遠；就像最偉大最美好的聲音，卻是無聲的天籟之音。這就是「無聲也無味」的精妙之處。

原文：

> 張侗初曰：鼻忘於風，舌忘於味，聖人忘於淡，諸臭有謝，而風無謝也；諸味有盡，而水無盡也，故曰「淡而不厭」。至人寶淡，淡者，性命之精。玄酒味方淡，太音聲正希。此無聲無臭之妙也。

※ 張　岱

> 這裏不用「暗」字表述，卻用「暗然」：這是因為「暗」即陰暗，成為「章」即明亮的反義詞了；而暗然的真正含義，是

即使在明亮的地方，也有它的陰暗之處。就如帳裏的明燈、匣裏的寶劍，劍氣燈光若隱若現。擔心人們以為聖人之道日益消損，因此才説「君子之道深藏不露，日久就會彰顯它的光芒」。並非是君子之道「暗然」了又「日章」，而是既深藏不露同時又彰顯光芒。

原文：

> 不曰「暗」，而曰「暗然」：蓋「暗」而與「章」對；而暗然，則章即其暗也。正如帷燈室劍，寶光隱躍。恐人以為不章，故又曰「日章」耳。非「暗然」了又「日章」也。

※ 張　岱

「知風之自」的「風」字，就如平時所用的風化、風尚、風教、風聲、風氣、風會等詞語，都是風吹及大地萬物，所形成的聲響及變化。讀懂「風」的內涵，必須從本身來看，而不可從其影響之處看。就像從暴烈的風中看到人的怒氣，從溫和的風中看到人的愉悦，從苦寒的風中看到人的悲苦。又如鼻孔裏的氣息，觀察它的舒緩、急促、粗濁、細微，就可知道人的心肺狀態。

原文：

> 「風」字，如時作風化、風尚、風教、風聲、風氣、風會等語，皆風之中乎物而成聲成變者。「風」當從其體，不當論其至。如屬風知怒，和風知喜，淒風知哀；又如鼻中息，緩急粗細，便知心氣橐籥處。

「知遠之近」,「知風之自」,是從外頭説到了裏頭。為何突然調頭説「知微之顯」,即了知微小的要從顯著的開始呢?這就是作者的高明之處,就像書法的彎曲、豎直、橫寫、斜飛,又像寫文章的篇章結構一樣,文法靈活,各盡其妙,如果一路從外説到裏,又有什麼意味和情趣呢?

原文:

張元岵云:「知遠」,「知風」,是從外説到內也。卻又調個轉身説「知微之顯」,曲直橫斜,文章理道,兩盡其妙,若一直説去,有何義味?

※ 張侗初

引用「衣錦尚絅」的詩句,目的是稱讚君子為人處世的低調謙虛,也即「暗」字產生的意義;引用「潛雖伏矣,亦孔之昭」的詩句,目的是稱讚君子時常反省自心,不存在不善的念頭,也即「不見」產生的意義;引用「相在爾室,尚不愧於屋漏」的詩句,目的是稱讚君子做人處事,內心是恭敬忠誠,沒有絲毫放鬆,也即「不言」「不動」產生的意義;引用「奏假無言,時靡有爭」的詩句,目的是稱讚君子躬身踐行道德,即使不獎賞百姓自會努力,不發怒百姓也會畏懼,也即「不賞」「不怒」產生的意義;引用「不顯惟德,百辟其刑之」的詩句,目的是稱讚君子始終做到敦厚恭敬,永為世範,也即「篤恭」產生的意義;引用「予懷明德,不大聲以色」的詩句,目的是稱讚君子是一個真正道義在心的人,決不會聲色俱厲,而是神閒氣

定、心平態和，也即「不大」產生的意義；引用「德如毛」的詩句，目的是稱讚君子憑藉崇高的德行，治國理政舉重若輕，也即「無聲無臭」產生的意義。引用詩經來歸結全文，較好地闡明了「未發之中」「天命之謂性」的真正內涵。

原文：

　　張侗初曰：引「尚絅」之詩，讚歎一個「暗」；引「潛伏」之詩，讚歎一個「不見」；引「屋漏」之詩，讚歎個「不言」「不動」；引「靡爭」之詩，讚歎個「不賞」「不怒」；引「不顯」之詩，讚歎個「篤恭」；引「皇矣」之詩，讚歎個「不大」；引「烝民」之詩，讚歎個「無聲無臭」。用引詩體作結局，直是發明「未發之中」，「天命之謂性」也。

※ 張　岱

　　獎賞和懲罰、勸勉和畏懼，本身是就事說理，不可執着於外相而偏離了本質。這裏只講到君子時時自省，內無愧於自心，外無不善行為，傳遞出來的意思，就是要藏而不露，在這裏只能意會不可言傳。

原文：

　　賞罰勸威，並不宜着相。只講君子不疚不愧，意象暗然，到此只有可想無可說。

※ 馬君常

　　君子在社會生活中，也會獎罰分明，也會一怒安天下，但百姓得以勸勉和服從，其動力卻不在此處。

原文：

　　馬君常曰：君子亦有賞，亦有怒，但勸威不在此。

※ 楊復所

　　我們儒者所做的學問，本來在經世致用方面的不足，見到大賢大聖與平民百姓的一點點差距，就像是在平地上突然看見高聳的山峰一樣。

原文：

　　楊復所曰：吾人學問，原是平天下的學問少，見得大賢大聖與愚夫愚婦略有不合處，便是平地上突起峰巒。

※ 張　岱

　　仙鶴一叫，小鶴便以鳴聲相應；男女以眼神傳情達意，就能心心相印。這說明在教化百姓中，也不能輕易放棄聲色的作用，它無非是要求人們在教化中注重根本性的東西，因此才將聲色的教化稱為「末」，但不能因此將「聲色」教化的作用抹殺了。

原文：

　　鶴鳴而子和，目與而心成。聲色，亦化民所不廢也，而本在焉，故曰「末」，不得盡說壞聲色。

※ 馬君常

　　這一章主要描寫「不顯之德」，即必須弘揚美好德性，與

漢武帝劉徹寫的《李夫人之歌》中的詩句「是耶非耶」有異曲同工之妙。漢武帝在寵妃李夫人病故後，由於刻骨銘心的思念感動了另一世界的李夫人，好像顯靈來探望他，漢武帝朦朦朧朧之間，又驚又喜地發出「是你嗎？不是你嗎？」的深情呼喊。如果僅僅從所謂的聲色等語言，傻呆呆地理解和分析，那麼只隔一片紙，也像隔了萬重山那麼遙遠啊！

原文：

　　馬君常云：全節摹寫不顯之德，與《李夫人之歌》「是耶非耶」光景不殊。若從聲色等語呆實分疏，片紙萬山矣。

※ 劉端甫

　　末，並非一定是粗疏的東西。俗語説「錐處囊中，其末立見」，即一把鐵錐放在布袋裏面，它的尖端立刻就能顯露出來。就像細微的水氣若有若無，天空中看不清針尖、麥芒那樣的細微東西，無論是模糊的廣大的，還是開頭的末端的，都是由德性生發才會進入毫厘末端。人世間説是「末」的東西，事實上也不可缺少，就像樹上少不得枝葉，不過萬紫千紅都是細枝末節。《大學》中説，「德者，本也；財者，末也」，意思就是「道德修養，是為人的根本；錢財是不重要的，是身外之物」。雖然錢財是身外之物，卻也忽略不得！試看看哪一個天下國家，什麼時候能缺少錢財？由此來理解，就知道「末」字的確切含義。

原文：

　　劉端甫云：末非粗也。語云「其末立見」，微茫縹緲，太

空針芥，渾漠端穎，出於德而已入纖微。世間說「末」的東西，都是少他不得的，如樹上自少枝葉不得，只是萬紫千紅總是「末」耳。《大學》言財者，末也。試看天下國家，那一刻少得財用？便知「末」字之義。

※ 徐子卿

　　小人在日常生活中為所欲為，肆無忌憚，致使別人一見到就厭煩。但是也要從「看不見處」用心觀察。這些最為關鍵的地方，千萬不要匆匆而過。

原文：

　　徐子卿曰：小人亦閒居放肆到人見即厭。然可見這人所不見之地極是用工。關竅處所，切莫放過。

※ 徐子卿

　　有人請教：「老天爺承載並養育天地萬物」，這個「載」，為何不說「承載個什麼事」呢；又有人請教：「載，是事物的起源」，這些道理怎樣說呢？我回答他們說：能夠承載並養育萬物的，是大地所具有的力量。能夠承載大地的，是無邊無際的上天。上天由於太大了，誰也承載不了；它位居在上頭，也不容誰來承載。說到上天承載並養育萬物，它的偉大之處就是默默無聞，沒有發出一句聲音，也無冒出一絲氣味吧？講明這個道理，一定要簡潔明白，直截了當，既闡述到大的方面，也涉及到小的地方，如果模棱兩可，恍恍惚惚，那就沒有什麼可取之處了。

「毛猶有倫」，說的是拿羽毛來比喻道德，兩者之間在條理方面是可以類比的，並不是說羽毛有什麼倫理道德。這個問題一定要搞清楚。

原文：

徐子卿曰：或問「上天之載」，注說個「事」字；或云「載，始也」。其義云何？余云：載人物者，地也。載地者，天也。天大而不可載，上而不容載，語載，其無聲無臭乎？要明白斬截，說得粗，入得細，模糊影響，無有是處。「毛猶有倫」言以毛比德，猶有倫類可擬，非毛之猶有倫也。須辨。

※ 袁了凡

獨就是沒有與他相對的東西。有類比，就有相對。我們看到鴻毛還有行跡類比，就可明白一絲一毫的東西都會有其相對，都不是獨存的個體。

原文：

袁了凡曰：獨者無對之稱，有倫斯有對矣。觀毛猶有倫，則知絲毫有對，終非獨體。

※ 張侗初

《中庸》的脈絡分明：首先闡明天道是無聲也無味的，「喜怒哀樂之未發」時的心體是內斂含藏的。接下來講戒慎恐懼是「天地位焉，萬物育焉」的具體表現。君子內省時無愧於心，是使天下平定的真正方法。由此可見至誠至聖與天命是合而不一的，並非沒有根據的空談。

原文：

　　張侗初曰：無聲無臭，天命之初。暗然篤恭，未發之體。然戒慎恐懼，卻是位育實地。內省不疚，卻是平天下真把柄。可見至誠至聖與天命合一處，不是無根。

※ 朱　熹

　　子思根據前面幾章詳細精緻的敍述，現在探求其根本，從自己修身養性、篤實恭敬，說到天下達到太平的勝景。子思盛讚天道無聲無味，可是誰離不開它。這是簡約地總結了全篇的宗旨。其中包含的反覆叮嚀以教育後人的用意如此深切，後世學習《中庸》的人，難道還能不盡心嗎？

原文：

　　子思因前章極致之言，反求其本。復自下學為己謹獨之事推而言之，以馴致乎篤恭而天下平之盛。又贊其妙至於「無聲無臭」而後已焉。蓋舉一篇之要而約言之。其反覆丁寧示人之意，至深切矣。學者其可不盡心乎！

當才子遇上中庸

[明] 張岱 著

林電鋒 編譯

□ 責任編輯：黃　帆
□ 裝幀設計：高　林
□ 排　版：賴艷萍
□ 印　務：林佳年

出版　　中華書局（香港）有限公司
　　　　香港北角英皇道 499 號北角工業大廈一樓 B
　　　　電話：（852）2137 2338　　傳真：（852）2713 8202
　　　　電子郵件：info@chunghwabook.com.hk
　　　　網址：http://www.chunghwabook.com.hk

發行　　香港聯合書刊物流有限公司
　　　　香港新界大埔汀麗路 36 號
　　　　中華商務印刷大廈 3 字樓
　　　　電話：（852）2150 2100　　傳真：（852）2407 3062
　　　　電子郵件：info@suplogistics.com.hk

印刷　　美雅印刷製本有限公司
　　　　香港觀塘榮業街 6 號 海濱工業大廈 4 樓 A 室

版次　　2020 年 4 月初版
　　　　© 2020 中華書局（香港）有限公司

規格　　32 開（230mm×150mm）

ISBN　　978-988-8674-43-5